河出文庫

汽車旅12カ月

宮脇俊三

河出書房新社

汽車旅12カ月

目次

汽車旅12カ月

序章　遊びとしての汽車旅

清水港は誰でも知っているが、清水港線《しみずこう》という国鉄の線区のあることを知る人は少ないと思う。

東海道本線の清水から三保までの八・三キロの盲腸線で、旅客列車は一日一往復しか走らない。二四一に及ぶ国鉄の線区のなかで一往復のみというのは清水港線だけである。

下り列車は清水を8時11分に発車するので、それに乗るには東京発6時04分の「こだま」の始発で静岡まで行かねばならない。私の家から東京駅までは一時間ほどかかるので、早暁四時半に起床して五時すこし前に家を出た。昭和五一年五月二日、日曜日であった。

格別の所用があって清水港線に乗りにでかけたわけではなく、当時の私は国鉄の全線に乗ってみようと一所懸命で、休日になると、しばしば早起きをしていたのである。

おかしなことに熱心な奴だ、と思われるだろうし、私も多少そう思っているけれど、これは論じてみてもしようのないことだ。

眠っている子供たちを起こさぬように家を忍び出て、まず井の頭線の渋谷行始発に乗る。重そうなゴルフの道具を肩にかけた人や、釣人が一〇人ぐらい乗っている。

私はゴルフとも釣りとも縁のない人間だが、せっかくの休日に、こんな早起きをするのは、ゴルフ場の都合や魚の習性によるのであろうが、お互いに奇特なことだと思う。

もっとも、ゴルフや釣りをする人はたくさんいるが、汽車に乗ることだけが趣味という人間は少ないから、おなじ早起きでも私のほうが変人に見えるらしい。少数派とはつねにそのような扱いを受けるものだ。理不尽なことである。

「ふだんは朝寝坊なのに、汽車に乗りに行くときはパッと起きるんですよ。おかしいですわねえ」

などと、女房は近所の奥さんに話しているらしい。その通りではあるけれど、自分ではおかしいと思っていない。

おかしいのは、むしろ前夜の行状のほうで、あすは始発に乗るというのに夜おそくまで酒をのんだりすることである。「あしたは釣りだ、きょうは早く切り上げなくちゃ」と言いながら一向に切り上げられない人物が相手だったりする。

だから、そういう休日はお互いに相当疲れる。新幹線の東京始発は「ひかり」が6時00分、「こだま」が6時04分で、休日になると乗車率が急上昇するという。新幹線ができて、ダイヤを決めるとき、国鉄内部では6時00分発は早すぎて利用者がないのでは、という意見もあったという。しかし実際に走らせてみると乗車率が高く、連休の時など自由席は二五〇パーセントにも達して通路がいっぱいになる。

いったい休日とは何であるのか。

翌日からの仕事に精を出すための安息日、つまり充電のための日、というふうに教えられた世代の私などにとっては、わからないことが多い。休日に早起きして日帰りのできる観光地や釣りにでかけるのは、昔から珍しいことではなかったが、富国強兵時代におけるそれは、明日への糧あるいは鍛練という建前になっていた。余暇を享受するための労働という思想はなかった。月曜日は灰色であると思っても、それを公然と言うわけにはいかなかった。それだけ時代が進んできたのであろう。

休日の意義については不分明でも、鉄道に乗りたい気持ははっきりしているから、休日を利用してはでかける。週休二日制になってからは行動半径はぐっと広がり、飛行機を利用せずとも東京から北海道の果てまで往復できるようになった。

たとえば、金曜日の上野発22時21分の寝台特急「はくつる」に乗って翌朝7時11分青森着、7時30分出港の連絡船で11時20分函館着。11時45分発の特急「おおとり」に乗れば網走《あばしり》着21時56分であり、11時50分発の急行「宗谷」なら22時46分に稚内《わっかない》に着く。一泊して日曜日の朝、稚内の場合は7時05分発、網走なら9時00分発で同じ道程を引き返し、いずれも青森発23時35分の「ゆうづる14号」に接続するから、月曜日の朝9時01分に上野に着ける。会社にはちょっと遅刻しそうだが、さい果てまで行ってきたのだから大目に見てもらうことにしよう。

九州となると新幹線があるので、ますます便利で、東京発18時00分の「ひかり」で出発して広島から寝台特急「明星3号」に乗り継ぎ、翌朝9時45分西鹿児島着。10時13分発の「有明10号」で引き返して博多から「ひかり」に乗れば、その日の夜22時20分には東京に着いてしまうのである。

これは、その気になれば乗ってこられるという極端な例であって、いくら私でもこんな乗り方はしない。北海道の場合なら片道は飛行機を利用して節約した時間をローカル線乗りに使うし、九州なら一日滞在して、未乗の線区に乗ってみることになる。しかし、それでも相当な強行軍であるから、好きな道とはいえ疲れて帰ってくる。

体は疲れても気分転換になるのかもしれないけれど、私は気分を転換したいなどという女々しい気持で鉄道に乗るわけではないから、体の疲れは疲れとして持ち帰るだけになる。したがって、レクリエーションにはならないし、安息にもならない。それでいっこうかまわない。だいたいレクリエーションという外来語を聞くと、私は犬の散歩を連想する。管理のにおいがしてしようがない。

どんな会社でも役所でも、それぞれの事情による独得の勤務形態が定着していて、一般をもって律することはできないだろうが、私がながく勤めた会社は出版社であったから、勤務はかなり不規則であった。就業規則を見ると、いかにもきちんとした勤務を要請されているかのようなのだが、実情はかけ離れたもので、出退勤時刻や公休のとり方など個々の社員の自由に任せてあると言ってよかった。仕事本位、ルーズ、自主性尊重、管理喪失などが表裏一体、混然となっていて、私には働きやすい会社であった。

そういう会社であったから、仕事のやりくりさえ整えておけば、旅行のスケジュールなどたてやすいのであるが、そこはよくしたもので、しばしば休日に仕事が割りこんでくる。

金曜日、執筆者に電話をかけて、

「月曜日の朝に原稿をいただきに参ります。よろしくお願いします」

と念を押す。これに対して、こちらを全面的に安堵《あんど》させてくれるような応対に接することは少ない。原稿を書くということは、身を削るような厳しい仕事なのであろう。要するに、土曜日曜を無音《ぶいん》のままに打ち過ごしては、締切りぎりぎりの月曜に原稿をもらえないのではないか、という不安に駆られる返事に接する場合が多い。資料を明日中に探し整えて届ける必要なども生じてくる。

さしさわりのないよう、きわめて稀《まれ》な喜ばしいケースだけを挙げると、

「あしたの午後から急に旅行にでかけなければならなくなった。今晩徹夜してでも書き上げるから、あしたの昼ごろ取りに来てください」

ということもある。これに対して、

「月曜日の朝にいただければ結構ですから、お宅に置いといてください」

などと言うようでは編集者失格である。功利的に考えても、そんな態度を示したら、原稿入手は執筆者の旅行終了後になる可能性が出てくる。

したがって、私は交通公社か駅のみどりの窓口へ行き、せっかく入手しておいた今後の寝台券をキャンセルするのである。

私は暇さえあれば汽車に乗り、国鉄全線完乗記などを書いたので、赤字に悩む国鉄に最大限の奉仕をした人間のように見られるけれど、指定券を買って予定どおり乗った場合はギブ・アンド・テイクにすぎない、と思っている。もし奉仕したものがあるとすれば、それはキャンセル料である。二日前までならばわずかな手数料ですむが、それ以後は三割もとられる。それでも発車時刻までにみどりの窓口に行ければよいが、その暇のない時もあり、そうなれば全額が消え果てる。そういう怨めしい指定券は捨てないで保存してある。

出発以前はこのように仕事優先であるけれど、いったん旅に出てしまえば、すこしく考え方が変ってくる。

冬の北海道をはじめて知ったのはもう十年も前のことであった。当時は週休二日制ではなかったから、土曜日の夕方に羽田を発《た》った。札幌発21時30分の急行「狩勝《かりかち》4号」の寝台券は入手しておいた。

札幌で時間があったので、駅前から薄野《すすきの》へ通じる大通りを歩いてみた。踏み固められた雪が気温の低下とともに氷状になったのであろう、一歩踏み出すごとに少しずつ滑る。やむをえずカカトでこつこつと竹馬に乗ったような恰好で歩いていたが、そのうち脚がツルッと前へ出て尻もちをつき、慌てて起き上ろうとしてさらに滑り、後頭部を打って私は路上に仰向けになった。

その夜は雲が切れていた。ビルの合間から仰ぐ星空は澄明で、こんなきれいな星空を見るのは久しぶりであった。東京では本当の星は見えないのだ。腰を打ったためもあって、私はしばらく仰天したままでいた。札幌の人は見慣れているのか、路上に転がっている人間がいても立ち止まったりはしない。それが有難かった。

こういうとき、自分はひとりである、と感じるものだ。東京や会社との距離がぐっと遠くなるのを覚える。

翌朝6時15分に釧路《くしろ》に着いた。腰が痛かった。接続よく根室行急行「ノサップ1号」が6時25分に発車する。根室まではじめて乗る区間であった。

根室本線は、函館本線の滝川を起点とし、帯広、釧路を経て根室に至る四四六・八キロの幹線である。しかし、幹線らしいのは釧路までで、そこから先、根室までの一三五・四キロの区間はレールが細くなり、列車ダイヤも釧路を境にして別々に組まれていて、直通するのは上り急行一本しかない。

レールが細くなり揺れ方も変るから、釧路から先は、にわかにさい果てのローカル線に入った感じになる。

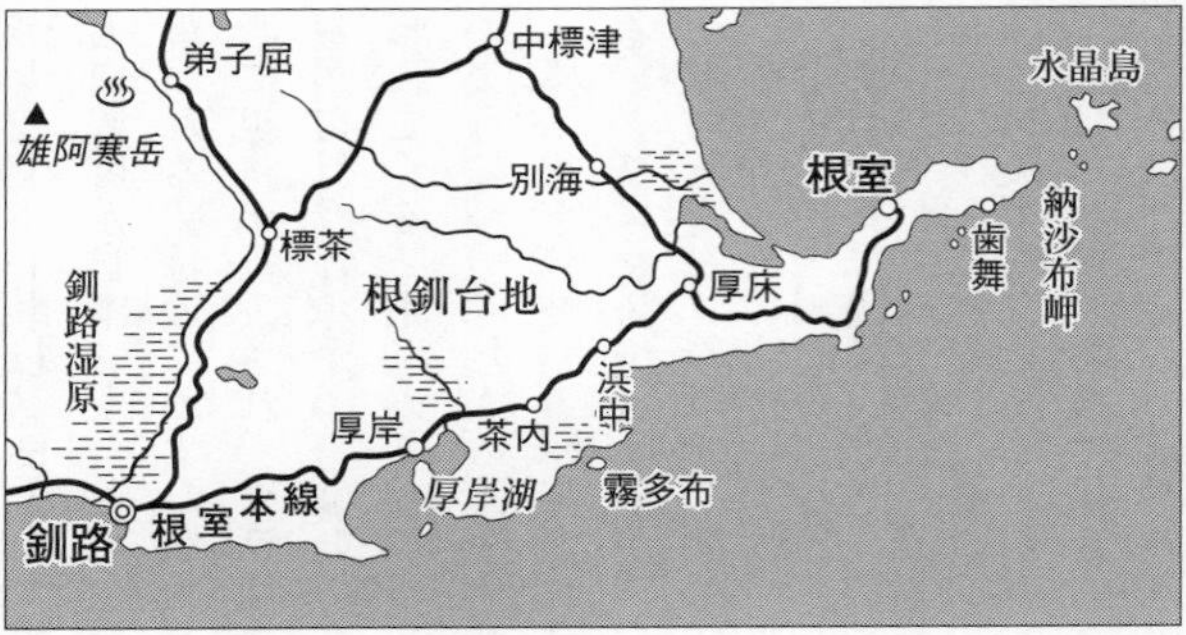

川面に原木と氷片の浮かぶ釧路川をディーゼルカーはゆっくりと渡る。こんな冷えきった川を見るのははじめてであった。ここで一段と東京や会社が遠くなる。来てよかった、と背筋がぞくぞくする。

私は鉄道の時刻表を見るのが好きで、見るというよりは「読む」といったほうが適切なのだが、時刻表を読みふけるうちに実際に乗りに行きたくなる。乗ってみると、期待ほどでなかったと思うこともあるけれど、やはりはじめての線区に乗り入れて、こういうぞくぞくが味わえるのは嬉しい。

釧路から四〇分ほど走って厚岸《あっけし》を過ぎると、結氷して白一色になった厚岸湖に沿って線路は迂回《うかい》する。釧路川の氷片に感動したのが滑稽に思われるくらい、格段に美しく淋しい。

茶内《ちゃない》と浜中に停車して、もとから少なかった乗客が少しずつ下車し、ますます閑散となったディーゼルカーは根釧《こんせん》台地の南部を行く。人口密度が日本でもっとも少ない地区なので、駅間距離が長く、一〇分ごとぐらいに現われる駅付近にわずかな人家があるだけで、中間は白無垢《しろむく》の原野である。かような所に線路が敷設され、ガラ空きの列車が走っているのだ。この先に根室という町があるからだ、とわかってはいても、鉄道旅行好きにとっては過分なこととして有難く思われてくる。北海道でもこのあたりは積雪量の少ない地帯であるが、ゆるい起伏で波のようにつづく無人の地表を薄い雪が覆っていて、土はまったく見えない。

標津《しべつ》線を分岐する厚床《あっとこ》からは根室半島へつづく丘陵地帯に入り、雑木林のなかを走る。クリスマス・ツリーが林立したようなところもある。ときどき雪面が割れて小さな流れを渡る。冬のヨーロッパを旅行したとき、ミュンヘンからザルツブルグへ向う車窓でこんな景色を見たような気がする。

終点根室に着く。整然・閑散とした駅前のたたずまいは、まぎれもなくさい果てであった。果てまで来たとの思いはつのり、札幌の星空を仰いで感慨を覚えたことなど、早まった甘いことのように思われた。

私はノサップ岬《みさき》まで足をのばして、ソ連占領の水晶島を眺めることにした。バスで四五分ほどである。道幅のみ広く、新しい建物の少ない根室の街を抜けて三〇分、歯《はぼ》舞《まい》の集落を過ぎる。灰色の空の下、昆布《こんぶ》を乾《ほ》す丸太の木組に雪が積っているばかりで人影がない。

これこそ本当のさい果てで、根室は大都会であったような気がしてきた。無定見なようだが、そう感じる。釧路などは歯舞よりは東京に近いのだと思ったりする。

そして終点ノサップ。バスの待合所をかねた雑貨店が一軒ある。清涼飲料の見慣れたポスターなどが貼《は》ってあるので、かえってわびしい。終点まで乗ってきた客は、私のほかに土地の人一人であった。

前方、歩いて五分ほどの距離に灯台があり、ヨシの混じる草原のなかを車が一台通れる程度の細い道がつながっている。湿り気のまったくないさらっとした雪が薄く積っているだけなので、短靴でやって来た私でも歩いて行けるが、風が吹くと雪が舞い上って濃い霧のように視界がかすみ、頰に冷たく当たる。岬の突端なので風は強く、一定の間隔をおいては雪を舞わせる。そのたびに首をすくめて立ち止まるので灯台はなかなか近づいてこない。

ようやく半分ほど進むと海が下に見えるところに出た。粉雪の乱舞は背後のものとなって視界がきくようになり、横一文字の平坦な水晶島が見えている。意外に大きい島のように感じられる。

海面には吹き寄せられた流氷が、波のうねりに合わせてたゆたっている。流氷を見たのはこれがはじめてであったが、それよりも、灯台への道の脇にしつらえられた昆布乾しの木組に、一〇羽ばかりの大きなカラスが群がり止まっているのが気になる。ウミガラスというのであろうか、普通のカラスより図体が大きく、首の短い鵜《う》のように見える。寒いから毛を立てているのであろう、ずんぐりむっくりしていて、首のあたりは襟巻《えりまき》でもしているかのように太い。その襟巻が風になびくほかは身動きもしないから、獲物の到来を待っているようで気味がわるい。ヒッチコックの「鳥」のように人間に襲いかかるわけではないが、感じのいいものではない。

帰りのバスの時刻のこともあり、カラスの群れもいるので、私は灯台まで行くのはやめて引き返すことにした。

粉雪が舞うたびに立ち止まりながらバスの停留所に近づくと、道のまんなかにどこから現われたのか大きな馬が一頭立ちはだかっている。内地では見かけない馬である。普通の馬は五〇〇キロぐらいだが、道産馬は一トンもあるというだけあって、さすがに大きく、脚が太短い。太く見えるのは毛深いからでもあろう。

私は思わず立ち止まったが、相手は道をふさいで大きな顔を茫洋とこちらに向けたままいっこうに動く気配がない。どうも冬のノサップ岬は人間よりも動物のほうが優位にあるように思われる。前方に停っているバスが放し飼いの動物園を走っている保護バスのように見え、早くあの安全地帯の中に入りたくなる。バスに乗り遅れては大変なので、私は馬と視線を合わさぬよう俯向《うつむ》いて恐る恐るその脇をすり抜けた。

きりがないから、冬の北海道旅行の話はこれでやめるが、こうしていると、気が大きくなる、というのともすこし違うのだが、東京も会社も彼岸のことのように思えてくるのはたしかである。

その日は標津線に初乗りしてから、予定を変更して弟子屈《てしかが》に泊まり、翌日、網走から湧網《ゆうもう》線に乗って結氷した能取《のとろ》湖やオホーツク海の荘厳な流氷原を車窓から眺めているうちに、日程を延長する気になって、その夜は名寄《なよろ》の駅前旅館に泊まった。体がしびれるような寒いところであった。

もちろん会社にも自宅にも電話をかけたし、休んでも仕事に支障はないようではあったが、多少の支障が発生したとしても、はたして急遽《きゆうきよ》帰途に着こうとしたかどうかは、あやしい。

こうした気持のありようになるのは、なにも北海道まで行かなくても、ゴルフの穴やパチンコの玉を熱心に見つめる人においても同様であろう。

このようなことを言うと、私は会社に対して斜《しゃ》に構えた不良社員のように思われるかもしれないが、かならずしもそうではないのであって、遊びにおける意識と行動はそれ自体で独立しているからであろう。そうでなかったら、休日はレクリエーションのための時間になり下り、せっかくの遊びが人生でなくなってしまう。

鉄道に乗るのが好きで、あちこち乗り回っているうちに、自然の成り行きとはいえ国鉄全線完乗を目指す始末となり、とうとう昭和五二年の五月、足尾線を最後に乗る線区がなくなってしまった。

つまり、私の遊びの対象が失われたのである。しかも、子供のときから愛読してきた時刻表を開いても、索莫として身が入らなくなった。これは私にとって由々しいことであった。私は老け、鏡に向かって毛抜きでシラガを抜いたり、庭につくったわずかな菜園を耕したりしていた。

たかが汽車ポッポのことで何を大袈裟《おおげさ》な、これからは仕事一途《いちず》になればよい、と思う人がいるかもしれない。しかし、そうは簡単にゆかないのであって、困ったことに仕事への情熱まで足並みを揃《そろ》えて下ってきたのである。

仕事と遊びが支え合っていた、というふうな単純な図式で割り切れることではないし、体力・気力の衰えなどと偶然に時期が一致したのかもしれない。しかし、時期が一致すれば両者を関連づけて考えるのは当然であって、私を元気づけるために新たな遊びの対象を探してやろうという親切な人もいた。有難いことである。けれども、こういうことは知恵を出し合ったからといって解決するものではないようであった。

食指が動くのは外国の鉄道に乗ることであるが、当面の経済が許さないし、時間的にも仕事と両立するはずがない。

こういう状態を一時的ではあるが救済する方法として、書くという作業がある。体験をもう一度なぞってみることである。さいわい、こんなことにもなろうかと、車中で書いたメモがある。汽車のなかは時間が十分あるにもかかわらず案外メモはとりにくいもので、断片的なものでしかないが、それを見れば、書かなかったことまで思い出してくる。

しかし私は一枚も書かないでいた。

書くという作業は非常なエネルギーを必要とする。その原動力となるのは題材の力と筆者の自信であろうが、私の場合、これを書き残しておかなければ死んでも死に切れないという題材ではなく、また、我れこそという自信もない。だから他力が必要であった。

さいわいなことに、鉄道旅行について本を書き下ろしてみないか、とすすめてくれる人が現われた。私は喜んで引き受け、一カ月に一度はかならず催促してくれるように頼んだ。書きはじめてみると、鉄道旅行をしているのとよく似た気分になってきた。これはまことにぐあいのよいことで、線路の上を走るように筆が運んだ。

私は時刻表の愛読者であるから、こういう場合でもダイヤグラムをつくってしまう。単線区間を一両で、しかも片道運転だから、とてもダイヤといえるものではなく、単なる進行予定表ではあるが、予定表にしては詳細なもので、書こうとする線名・駅名の両脇には距離の代りに枚数、時刻の代りに日付を記した。距離のほうは長くなったり短くなったりしたが、通過時刻は概して正確であった。仕事の関係で一日や二日運休することがあっても、予備日を適当に入れておいたから、多少の遅れは一週間もあればとりもどし、ほぼ正常運転を維持した。体調もよくなった。

ただひとつ心配なのは「終着駅」に着いてからのことであった。こんどこそ乗るべき路線がなくなって、ベンチにぐったり坐りこみはしないかと恐れた。

しかしそうはならなかった。

鉄道旅行記を書いているうちに、私は自分の記憶に不安を覚え、いくつかの線区を乗りなおしてみた。すると、季節や天候をはじめ、じつに数多くの要因によって、それぞれの線区の印象がちがうのである。はじめてそれに気づいたわけではないが、書くこと、書いたことによって沿線風景の見方も変ってきたようであった。

私は手当りしだいに乗りたくなってきた。つい先日も、ひどく暑い日であったが鹿島線に乗った。これは鹿島臨海鉄道という油送用私鉄が七月二五日から一日三往復の客車を運転することになり、北鹿島—鹿島神宮間三・二キロの国鉄貨物線に乗り入れるので、それに乗りに行ったわけであるが、ついでに乗った三年ぶりの鹿島線がじつに新鮮であった(一四七ページ地図参照)。

鹿島線は、成田線の香取《かとり》から分岐して鹿島神宮に至る一四・二キロ、利根川や北浦を渡るので長大な鉄橋の多い線である。前回乗ったときは早春で寒々とした沿線風景であったが、今回は青い稲の穂がのぞきはじめており、常陸《ひたち》利根川の鉄橋からは、十二橋めぐりへ向かうサッパ舟が見下ろせた。

国鉄の全線に乗り終えた、もう乗るべき線路はない、などと萎《しお》れてしょんぼりしたのは誤りであった。それは百余年に及ぶ日本の鉄道史や、四季折り折り七色に装いをかえる多彩な国土を恐れぬ、不遜《ふそん》な感懐であった。と、それほど改まって神妙に反省しているわけではないけれど、ふたたび鉄道に乗りたくなり、時刻表を読む楽しみが復活してきたのは、私の心身衛生にとってさいわいなことであった。

国鉄のダイヤは一〇月二日（昭和五三年）に白紙改正となる。ひさしぶりの白紙改正である。東北本線や高崎線の特急が増発と線路容量の関係で一五分ないし二〇分ほどスピード・ダウンするのは残念だが、とにかく、新鮮な内容を盛った大改正時刻表がまもなく私の手もとに届く。私はそれと連夜格闘し、懐しい線区たちと旧交を温めにでかけるであろう。楽しみでしようがない。

七生報鉄、路線はつづくよどこまでも、ということであろうか。お目出たく有難い性《さが》ではある。

1月　汽車旅出初式

私には故郷がない。

本籍地は四国の香川県であるが、明治一三年生まれの血気さかんな父は東京を志向して、昭和三年に渋谷に住みついた。私が一歳のときであった。

当時の渋谷はまだ市部に編入されておらず、東京府豊多摩郡渋谷町となっていた。「原っぱ」があちこちにあり、子どもたちの恰好の遊び場であるとともに社会訓練の場でもあった。モチ竿《ざお》を震わせてトンボをとったり、トノサマバッタを追いかけたり、縄張りを侵したといってはガキ大将にいじめられたりして夕方まで遊んだ。肥え溜《だ》めなども残っており、そこに落ちた奴の惨状は忘れられない。

夕方になると、どこからともなく「人さらい」が現われて子どもをつかまえ、曲馬団に売りとばす、と言い聞かされていたので、うす暗くなると子どもたちの姿は自然に原っぱから消えた。

「兎追いし」とはいかぬまでも、「原っぱ」の思い出は故郷に通じるものがあるのではないかと私は思う。しかし、盆暮れに土産物を抱えて行くところではない。だから、「ちょっとクニへ帰ってくる」と言う人を見ると、うらやましい。「田舎へ帰っておやじの仕事でも継ぐか」と言う人もうらやましいし、「おふくろが写真を持って上京してきてるんだ。はやく結婚しろってうるさくて」とか、うらやましいことばかりだけれど、ひとつだけそうでないことがある。

それは、月遅れ盆と年末年始の帰省列車の混雑、道路の渋滞である。

じっさい、指定券を入手するためには整理券を入手せねばならず、その整理券を入手するために長い行列をつくる、といった状況はやりきれないだろうし、高速道路ができたのに東京から仙台まで十何時間もかかったという記事を読むと、気の毒でしょうがない。

このときだけは、故郷がなくて幸いだと思う。

だから盆暮れには、難行苦行の帰省者たちに同情しながら自分は悠々と自宅で、というのであれば話は簡単だけれど、そうはいかない。私の場合、月遅れ盆の八月は旅行を見合わせるが、正月となるとかならずどこかへでかけてしまう。旅行好きの勤め人なら誰でもそうだろうが、この機を逃しては多少ともまとまった旅行はしにくいからである。

私は半年前に二七年勤めた会社を辞めたので、こんどの正月はどこへも行かぬつもりだが、振り返ってみると、十数年来というもの、病気のときを除いては欠かさず正月休みに旅行をしている。

帰省客だけでもひしめき合う乗りものに、遊びが目的の人間が割り込むのは気がひけてしかたないが、当方としても代替日がないから遠慮してもいられない。帰省者には申しわけないが、肩をすぼめて割り込んできた。


私は鉄道の時刻表の愛読者であり、暇を見つけては国鉄に乗りまくってきた人間であるから、指定券の入手の手口などにおいて、普通の人より若干上廻っている。だから、私が指定券を手に入れてやろう、と決心すると、帰省者の誰か一人が犠牲者になり自由席の通路に立たされる、という関係になっているはずだ。気がひけるのはそのためである。罪ほろぼしに帰省者のためにその手口の一部を公開すると、

「一流校をねらうな」

ということになる。これでは手口でなくて方針のようだが、ひと口で要諦《ようてい》を言えばこれに尽きる。

たとえば、青森方面へ帰る場合、「はくつる」とか「ゆうづる」1号・3号など志願者の殺到する人気列車を志望してはならない。このクラスの列車の年末の寝台券を入手しようとするには、非常に長時間窓口に並ばなければならず、もしかすると「はくつる」の青森までの所要時間をこえるかもしれない。

最近は徹夜の行列を解消するため、整理券を渡していったん客を帰し、翌日、入試の発表のように合格者の番号を貼《は》り出す駅がふえたが、人気列車の志望者は競争率が高いから不合格になりやすい。なにしろ「はくつる」とか「出雲」などの超一流になると、東京の国立《くにたち》にあるコンピューターの中央装置にスイッチを入れてから三〇秒ぐらいで売り切れてしまうというから、行列の先頭にいたとしても確実とはいえない。

入試なら一次校に落ちてから、二次校、三次校を受験できるが、指定券の場合は全列車一斉発売であるから、一流列車の指定券がとれなくて、それから時刻表をしらべたり、旅行通に相談したりしていたのでは、三流列車の座席すら確保できなくなる。その間に、私などのような、二流、三流の列車を第一志望とする連中が買ってしまうからである。

どれが二流、三流かは、いちがいに言えることではないし、時刻表を見ながら選んでいただくよりしかたないが、要するに、便利で快適そうな列車から順々に列挙していって、「こんなのには乗りたくない」というのまで拾い出し、志を低くすればよいのである。

もうすこし具体的に言うと、時刻表の一二月号を見て、臨時列車、とくに二、三日しか運転されないような列車の座席指定をねらうことである。寝台車などは連結されていないし、車両も古く、接続も悪いが、立つよりはよい。

指定券の上手な入手法については、いろいろな本に書かれているから、読んでおかれると役に立つこともあると思う。新書判が多く、値段も安い。鉄道について書かれたものに限らず、なぜか本の値段は役に立つものほど安いように思う。もっとも、みんなが指定券入手の達人になられては、私としても困るのだが。

このようにして、帰省客に割り込んで旅行にでかけるのだが、それにしても正月の旅行ほど悪条件を備えたものはない。ちょっと指折り数えても五つぐらいは挙がってくる。

私の正月旅行は、元旦の夜行ででかけて四日に帰ってくるというケースがもっとも多い。

できれば年末年始を通して旅行したいのだが、一家の長としては管理上まずい。妻子を引率してでかければその面での問題は一挙に解決するが、これでは大散財になるし、四人分の、しかも往復の指定券の入手など至難である。

したがって、暮れから大晦日《おおみそか》・元旦まで家にいて、お互いに少々疎ましくなったころ、では、と言って消える、という型が定着した。自分だけ旅行に行ってけしからん、と怨嗟《えんさ》の的になっているところへ帰ってくるより、敬遠気味に歓迎されるほうがよい。生活の知恵というべきであろう。

それと、もうひとつ理由があって、正月というと、私などの家でも多少は客が来る。それも、元旦の年始回りといったきちんとした客ではなく、二日目の午後あたりから酔ったのがやってくる。年始というよりはハシゴなのである。けしからんから適当に追い返してやろうと思っているうちに、こっちが酔ってきて、帰るというのを引き止めたりしはじめる。そのうちに二人組が肩をくんでやってくる。よく来た、などともうだめである。

それらの事情をも勘案して、私は元旦の夜行ででかけるようになったのである。旅行日としての年末と年始を比較してみると、どちらも悪条件に満ちているが、とりわけ年始がわるい。一年じゅうでもっともわるい。

第一は乗りものの混雑。

交通機関にかぎらず、たくさんの人間がひしめき合い、自分もその一員であるという状態は楽しいものではない。たんに肉体的に窮屈であるだけでなく、他者の存在が自分にとって迷惑であるごとく、自分の存在が他者の迷惑となっているような関係、意識するしないにかかわらず、それが神経を疲れさすように私には思われる。「どうして日本はこんなに人間が多いんでしょうねえ」と一方的に忿懣《ふんまん》をもらす神経の太い人も、「オレがいなければ、それだけ空くわけだ」と考える人も、混雑のなかでは余計に神経を疲れさせているのだ。

指定券を入手して坐っていても、通路に立っている客がいるといないとでは疲れかたがちがうようである。

それはとにかく、年末年始の列車でいちばん混雑するのは、一二月二八日から二九日にかけての下りと、一月四日の上りであり、混雑度は似たようなものであるが、乗客の機嫌は当然ながら上りのほうがわるい。こんなことだって、気の弱い旅行者にとっては悪条件のひとつになる。

それで、私の正月旅行は四日の上り列車の比重を極力すくなくするように仕組まれる。

まず、元旦の下り列車でできるだけ遠くまで行く。元旦ならば、どの列車の指定券でも容易に入手することができる。二日の午後は東京へ向かって少しもどる。正月二日は、ローカル線は近在の家族連れで混《こ》むが、幹線の特急や急行はまだ空いている。三日には時間距離にして半分以上もどってくる。北なら仙台まで、西なら広島か岡山あたりまでもどってくる。三日になると上りの幹線は混みはじめるが、途中までならば混雑度も時間もたいしたことではない。

ここまで仕組んでおけば、問題の一月四日は、指定券がなくてもそれほど苦労せずに東京にたどりつくことができる。しかし、それでも四日の午後はあまりに混むので、午前中の列車にする。それもなるべく食堂車のついている列車にする。午後の列車になると、通路までぎっしりで、トイレに行く人も大変だろうが、つま先立って腹をへこませる当方だって楽ではない。

一例をあげると、昭和四七年の元旦、上野発20時00分の寝台電車「ゆうづる2号」ででかけた。

翌朝5時08分、青森着、5時25分出航の連絡船に乗った。一月二日の北緯四一度三〇分の津軽海峡はなかなか夜が明けない。ちょっと不安をおぼえるくらい、行けども行けども夜が明けなかった。ようやく明るくなったら、もう函館山の近くに来ていた。函館発9時35分の特急「おおぞら2号」の食堂車から眺めた雪の駒ヶ岳は、朝日に輝くとはこのことか、と思うほど神々しく銀色に光っていた。
「おおぞら2号」は北海道特有の粉雪を舞わせながら噴火湾を半周し、11時33分洞爺《とうや》着。ここで鈍行に乗り継ぎ、伊達紋別《だてもんべつ》発13時00分の急行「いぶり」で倶知安《くっちゃん》へ向かう。この区間は胆振《いぶり》線で、八三・〇キロある。私が北海道まで来たのはこの線に初乗りするためであった。昭和新山を左窓に眺めてからは雲が出て、蝦夷《えぞ》富士の羊蹄《ようてい》山は見えなかった。

倶知安発15時41分の函館行急行「宗谷」で、はやくももどりにかかる。二日なのでまだ空いていた。ニセコを通過し、雑木林と雪の割れ目から渓流をのぞかせるだけの淋しい山中を走るうちに日が暮れて、18時55分、函館に着く。そのまますぐ連絡船に乗り継いで、青森発0時05分の急行「八甲田」で、4時13分、一ノ関着。「八甲田」はガラ空きであった。

北海道で一泊もせず、連続の夜行だから味気ないかぎりではある。正月でなければ鉄道好きの私でもこんなスケジュールは組まない。

一ノ関からは大船渡《おおふなと》線、開通したばかりの盛《さかり》線（当時は盛—綾里間）、さらに気仙沼《けせんぬま》線（当時は気仙沼—本吉《もとよし》間）に初乗りし、その晩は仙台で泊った。

いよいよ四日である。前日、念のため「みどりの窓口」へ行ってみたが、上野行の指定券はすべて満員であったし、当時は自由席がなかったので、立席特急券を買った。9時10分発の「ひばり4号」に乗ったが、郡山までは空席もあり、そのあと食堂車を利用したりして、ほとんど坐って帰ってきた。

それにしても、もう一度実行してみたいスケジュールではない。

年始旅行の悪条件の第二は、旅館とホテルである。

これは土地柄や宿の種類によってさまざまであるが、概して正月になると条件がわるくなる。温泉場やスキー場の旅館はかき入れ時で満員になるのに反し、都市の旅館は休業が目立つ。すくなくとも私がいままでに当ったところでは、ビジネス客相手の旅館は休業が多かった。

その点、ホテルは確実に年中無休である。都市のホテルの正月は、かつてはひどく空いていたものだが、最近は年始回りの客を避けるためか、そういう風習が廃れてきたのか、家族連れでホテルに泊る客が増え、また、観光客のホテル指向もあって、混むようになった。

ふだんなら、宿が満員の場合は夜行で帰ってもよいけれど、鉄道のほうがすごい状態で寝台券などとても入手できないから、宿を確保してからでないと、うっかり正月にはでかけられない。

第三は、食べもの屋が開いていないことである。

「食」は旅の楽しみの大きな部分を占めるけれど、魚市場が休み、従業員が休みではしかたない。正月料理が保存食品で成り立っていることを、あらためて嚙《か》みしめることになる。

開いているのはホテルの食堂だけのこともあり、それも地元の家族連れや宿泊客で満席で、料理もサービスも最低となる。

第四は、タクシーの払底である。

平素はタクシーなど利用しない娘さんたちが、晴着なんぞ着るものだから、タクシー乗り場に列をつくる。道路で流しをつかまえようとしても、ここにも破魔矢など持った晴着姿が点々としており、運転手も私より彼女らを好む。

タクシーがつかまらないのは彼女らのせいばかりではない。正月は昼間から酒をのむ。のむと、ついタクシーに乗りたくなる気持は、私にもよくわかる。

第五は、日が短い。

第六は、寒い。

このように、年始の旅はわるいことずくめだが、いい点もある。

それは飲み屋やバアが閉っていることである。むだな散財をしなくてすむ。もっとも、バアが閉っているからその時期をねらって旅行しようという人もいないだろう。

かりに自作自給、いっさい人手をかりずに生活をしている人でも、旅に出れば土地の人から食住の世話になる。ところが正月は、土地の人が休息し、あるいは土地の人同士が客となり合う時期である。旅人にとって好ましい時期であるはずがない、と私は思う。

私の旅行は鉄道に乗るのが主目的、という片寄ったものだから、列車の混雑を除けば正月旅行の数々の悪条件をまともに受けないほうではある。その私ですら正月の旅行は最悪だな、と思うのだから、旅らしい情緒や楽しみを求める人にとってはなおさらの時期であろう。

しかし、条件がわるいからといって、正月の旅行をやめることができるだろうか。三泊四日ぐらいの、多少まとまった旅行をしようとするならば、年末年始、五月の連休、夏、それぐらいしか機会のないのが一般である。とすれば、条件のわるさは大同小異で、いろいろ比較してみてもしようがない。

じっさい、旅情を催した人に向かって、正月は汽車が混むから行くなと言っても、指定券を手に入れてしまえばそれまでだし、旅館にしてもおなじである。うまいものなど食べる必要がない、日が短くても寒くてもかまわない、となれば何も言うことがなくなる。私自身それらの悪条件を承知で毎年の正月旅行をしてきたのである。

それならば、正月旅行の悪条件を列挙するのはこれぐらいにして、すこし好条件を探してみよう。そのほうが建設的かつ健康的である。

まず風景であるが、北国なら雪が見られるし、表日本なら晴れて空気が澄んでいて山がきれいだ。さきに述べた北海道行では銀色に輝く駒ヶ岳と吹雪を見ることができたし、昭和五〇年の南九州行では霧島連峰の雲ひとつない姿を見た。

町を歩けば各地各様の飾りつけを見ることができるし、昔なつかしい手毬唄《てまりうた》をきくこともできる。表通りの店はほとんど閉っていても、裏通りはふだんよりおもしろい。ローカル線の混雑にしても、地元の人をこれだけまとめて観察できる時は他《ほか》にない。

西日本、とくに九州へ行くと、車内で飲みも食いもしていないのは私だけではあるまいか、という状況がしばしばで、そのうち私の掌にイカのそぎ身などが盛られることになる。

それから、これは鉄道マニアだけの楽しみではあろうけれど、年末年始は輸送力を増強するために国鉄は車両をフル回転させるから、ふだんなら昼間は使用されない三段式B寝台車が座席車となって走っているのを見ることもできる。

正月旅行の好条件を探し出すのは、いささか苦しいが、むりに探せばないことはないわけである。いずれにせよ、私が何を言おうと、行こうと思う人は行くのだし、気が楽だ。

2月　特急「出雲」と松葉ガニ

一月中旬から二月末にかけては国鉄の閑散期である。

スキー客を除けば、この厳寒期を選んで遊山旅行をしようとする人は少ない。

私はテレビをあまり見ない人間だが、朝の七時三〇分にはスイッチを入れて10チャンネル（テレビ朝日）に回すことが多い。東京以外では、どのチャンネルでやっているのか、いないのかわからないけれど、国鉄提供の「みどりの窓口」という番組があって、東京地区を始発とする主要列車の一週間分の指定券の売れ行き状況を知らせてくれる。

これは、ほんらいならＮＨＫで放映すべき内容だと私は思うが、なぜか民放になっている。

それともうひとつ、これも東京版以外でどうなっているか知らないが、「サンケイ新聞」の朝刊の終わりから二ページ目の下段に、やはり一週間分の指定券の売れ行き状況が掲載されている。

これらを見ると、季節や曜日による空席の有無が一目瞭然であり、人気のある列車はどれか、といったこともわかってくる。

ずいぶん重宝な番組であり記事であると思うが、知っている人は意外に少ない。

とにかく、これらによってわかるのは、正月が過ぎると、ほとんどの列車が「向う一週間すべて空席あり」という状態になることである。わずかに金曜日の寝台特急が満席になる程度で、選《よ》りどり見どり、よし行くかと、つい旅心をそそられる。

列車が空いているだけではない。一月中旬から二月末にかけては、雪国の旅情はあるし、海の幸は最高の品質となるし、旅館は空いているしで、どうしてこの時期にそれほどまで旅行者が減るのか、私には納得しがたい。

もっとも、湧出量《ゆうしゆつりよう》の少ない温泉場などに泊まると、客が少ないので大浴場は閉鎖され、家族風呂などに入れられることもあるが、その程度をがまんすれば、なかなか結構な季節である。

だから私は、ほとんど毎年この季節にどこかへでかけている。列挙してみると、

昭和四五年　北海道　(網走ほか)
四六年　北海道　(襟裳岬《えりもみさき》ほか)
四七年　山　陰　(松江ほか)

四八年　四　国（徳島ほか）
　　　　羽　越（酒田ほか）
四九年　北　陸（福井ほか）
　　　　山　陰（鳥取ほか）
五〇年　山　陰（鳥取ほか）
五一年　山　陽（岩国ほか）
　　　　奥　羽（男鹿《おが》ほか）
五三年　北　陸（富山ほか）

となっている。

暖かい地方よりも日本海側が多いのは私の性向であろうが、どうやらこの旅行者は松葉ガニ（北陸では越前ガニ）がよほど好きらしい、ということが歴然としてくる。こうして列挙してみて自分でおどろいてしまう。

私の旅行は時刻表片手の一人旅がほとんどであるが、昭和五〇年冬の山陰行は珍しく会社の友人たちとの四人組であった。

二月一四日だったと思うが、金曜日18時20分発の寝台特急「出雲」に乗った。

この列車は現在の「出雲1号」であるが、なかなかの人気列車で、例の朝の「みどりの窓口」などを見ても、いちばん指定券のとりにくい列車のようである。冬の山陰くんだりへ行く人がそんなにいるのかと不思議だが、そういう列車である。だから一週間前の朝に寝台券は確保しておいた。

この列車には嬉しいことに食堂車が連結されている。

食堂車は近年とみに減少の傾向にある。とくに夜行列車の食堂車は女子の残業問題などもあって減りに減り、昭和五三年一〇月のダイヤ改正後は、「さくら」「はやぶさ」「みずほ」「富士」「あさかぜ1号」とこの「出雲1号」だけにされてしまった。悲しいことである。

減らされる理由は簡単で、儲《もう》からないからである。昼食時に満席になっても一〇万円の売上げさえ立たないのでは、車両の賃貸料、人件費などで赤字を免れない。車内販売のほうがずっと売上げが多いのだという。食堂車より客車のほうがはるかに座席数が多いのだから、そうなるだろう。

それに、食堂車の客にも問題がある。チーズ・クラッカー程度を突出しにしてビールばかり飲んでいる人が多い。とくに夜行列車に多い。そんな客に長時間居据《いすわ》られるからたまらない。

しかし国鉄としては優等列車から食堂車をはずすわけにはいかない。「富士」や「さくら」に食堂車がなくては国鉄の威信にかかわる。

そのへんのかね合いは、車内販売や駅の食堂の営業権と食堂車の営業義務とが組み合わされて保たれているのだという。

さて、「出雲」の食堂車は18時20分の発車と同時に営業を始めるが、一瞬にして席がふさがる。

勝手を知った人たちが発車前から連結器の上などにたむろしているからである。発車してからおもむろに出かけたのでは、とてもむりである。

閑散期であっても、いまや夜行列車の食堂車は稀少《きしょう》価値が高いから、このように混《こ》む。

汽車の食堂というと、誰しもまずいと言う。そう言わなければ沽券《こけん》にかかわると思っているからのように異口同音に評判がわるい。私もけっしてうまいとは思わないけれど、まずくたって窓外の眺めがどんどん変わり、がたがた揺れるレストランなんぞ他にはあるまい。まことに珍重すべきもので、私は食堂車が好きだ。こんなに混んでいるからには、みんなもそうにちがいない。

しかも夜行列車の客は簡単に食事をすまさないから、開店時に席を確保できないと、いつ坐れるか見込みが立たない。見ていると、みんなまずビールや日本酒を注文する。昼間の客は酒と料理を同時に注文するが、夜行列車の客は酒とおつまみだけが多い。しかも杯を重ねては勝手にご機嫌になり、ちょっと姐《ねえ》ちゃん、などとウエイトレスに声をかける。要するに夜行列車の食堂車の客はみんな飲んべえなのだ。しかもさいわいなことに、食堂車だからといって特にまずいビールを出すわけでもない。

かく言う私たち四人組も、さっそくそれぞれビールやウイスキーを注文し、二卓にばらばらに分かれてしか坐れなかったから、背中合せの妙な乾杯をしてから飲みはじめた。


それにしても、二月というのに「出雲」はどうしてこんなに混むのかと思う。

旅行者の心理には変なところがあって、同乗の客たちがすべて自分と同じ目的で旅行しているかに思いこみやすい。これは一種の被害妄想《もうそう》であろうが、青森行に乗ると、みんな青森まで行く人のように見えてしまう。昼間の特急なら大半の客は仙台や盛岡までで降りるのだが、そうは見えない。「あさかぜ」の客のすべてが博多へ行くわけではなく、実際は広島でどっと降りてしまうのだが、自分が博多へ向かっているときは、みんな博多への客のように思われ、ホテルを予約しておけばよかったかな、と後悔したりする。

この「出雲」の乗客たちにしても、みんな山陰へ松葉ガニを食べに行くのかしらん、と考える。全員が私と目的を同じくしないまでも半分ぐらいはそうかもしれぬ、と考える。そうでなければ冬の山陰などにこれほどたくさんの人がでかけるわけがない、松葉ガニは年々ひどく値上りしている、高いどころか食べつくされて私の口に入らないかもしれない。まして今回の旅行は一人旅ではない。私がカニカニカニと吹聴《ふいちょう》したために三人の同行者がいる。もしカニが食べられなかったら一切の責任は私にある……。

どうにも心配だが、背中合せに坐っている同行者たちはいい気分で杯を重ね、おなじテーブルに坐り合わせた見知らぬ客と何やら声高に話し合っている。この客も休日を利用して松葉ガニを食べに行くのだろう。気になるので振り返って話に加わってみると、米子《よなご》市役所に勤務するお役人であった。

ほろ酔いで寝台車にもぐりこむのは、いつもながら好きである。揺れるのもいいし、走っているのもいい。

酔いがさめると眼がさめる。ふだんならそれからまたひと眠りになるけれど、夜行列車のときはもう眠れない。私は時刻表の愛読者であるから、すれちがう上り列車が予定どおり走っているかどうかなど、気になる。

しかしどうもようすがおかしい。京都はとうに過ぎて山陰本線に入っているが、通過する駅と時刻表とがひどくくいちがっている。だいぶ遅延しているらしい。窓のカーテンを結婚式場の写真師のようにかぶって外を眺める。こうすると、おぼろげながら線路際が見える。

雪、それも相当な大雪である。一メートルは積っている。それで遅れているのであろう。走っているから不通ではないが、山陰本線は単線だからダイヤの乱れは上下列車の交換待ちで増幅される。すでに一時間半ぐらい遅れている。急ぐ旅ではないので遅れても着きさえすればよいけれど、ダイヤが乱れてしまうと時刻表と現物の列車を照合する楽しみはほとんど失われてしまう。

しかし、定時運転なら米子に近づくまで明るくならないが、遅れたおかげで山陰の海岸を眺められそうだ。もっと遅れれば餘部《あまるべ》の陸橋を渡るところが見えるかもしれない。あそこは山陰本線の車窓の一等地である。私は、もっと遅れろとひとり力んだが、さすがにそうまでは遅れず、餘部は暗いうちに通り過ぎ、二駅先の浜坂で停車するう

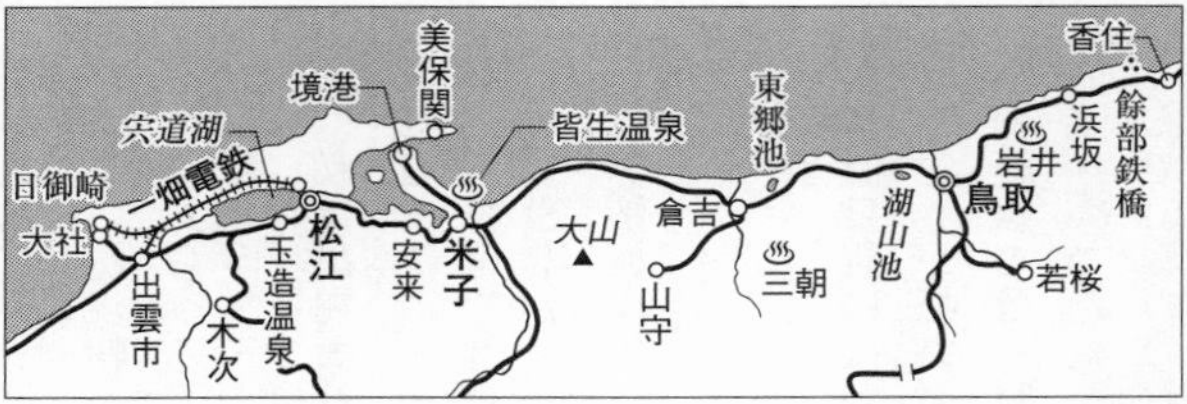

ちに外が見えてきた。

浜坂のつぎの諸寄《もろよせ》、居組《いぐみ》あたりの海岸もなかなか豪快な断崖《だんがい》がつづいており、トンネルの合間からではあるが、ちらり、ちらりとその片鱗《へんりん》をのぞかせる。崖《がけ》っぷちにやっと生えている松が雪の重みに堪えながら、しかも荒い波のしぶきを根元のあたりに浴びている。常に波しぶきをかぶっていたら松は育たないから、きょうはよほど波が荒いのであろう。沖の方まで白波が立ち、波の先が風に吹きとばされて海面がかすんでいる。

同行のM君も眼をさまして、それを眺めている。そして、鳥海青児の絵のようだ、と言う。こういうふうに一言で規定されても困るのだが、そう言われてしまえばそのように見えてくる。

今回の旅行は鳥取で松葉ガニを食べるのが主目的であるが、未明に鳥取に着いて早速カニという必要もないから、松江の先の玉造《たまつくり》温泉まで足をのばして朝風呂と朝食、という贅沢《ぜいたく》なスケジュールになっている。

私は頻繁《ひんぱん》に旅行するので、一回でそうたくさん金を費《つい》やすわけにはゆかない。貧乏旅行ではないが、朝から温泉旅館に上がりこむようなことはない。

それにくらべると同行の三君は旅慣れぬ人たちではないが、寝台列車で遊びにでかけるのは一年に一回あるかなしであろうから張り切り方がちがう。私とは若干ズレがある。私は出雲大社あたりで出雲そばの朝食、それから宍道《しんじ》湖の北岸を一畑《いちばた》電鉄で走って松江をちょっと見物してから軽く昼食、そして鳥取入りという案を考えていたのだが、三対一で否決され、朝から夜なみの贅沢さにされてしまったのである。

しかも三君は張り切っているから金もたくさん持ってきているらしい。機会があれば一発やりかねないような気負いが言葉の端々に感じられる。どうも前途多難を思わせる。

玉造温泉駅には九時半ごろに着いた。一時間四〇分の延着である。二時間以上遅れると特急券が払い戻しになるのだが、なかなかそうはならない。

私の経験では一時間以上遅れることはよくあるが二時間以上というのは不通にならない限りめったにない。国鉄としてもそのへんのところは心得て営業規則の条項に盛りこんでいるのであろう。

また雪が降ってきた。ぼたん雪だからこれ以上降り積りはしないと思われるが、そのなかをわいわい騒ぐ四人客を乗せたタクシーは、斜めにスリップしながら温泉場まで走った。

朝から温泉旅館に上がりこむのは場違いな感がしてならなかったが、濛々《もうもう》と湯気の立つ大浴槽《だいよくそう》につかると、やはりいい気分になる。温泉旅館に泊まったときはかならず朝風呂に入るけれど、夜行で来たときの朝風呂はひと味ちがう心地よさである。浴場の外の眺めもいい。眺めといっても人工庭園なのだが、雪のおかげで面目を一新したと思われる。実用性のない飾り灯籠《どうろう》などふだんはつまらぬ置き物であっても、雪のベレー帽を斜めにかぶると愛嬌《あいきょう》がでてくるし、幹に防虫用の藁《わら》を巻き鉄線で枝を横に引っ張られた松など、雪がなければ有閑マダムのようなものだけれど、雪のおかげで風情が備わっている。雪には七難を隠す作用があるかに思われる。

その晩は鳥取市に近い岩井温泉に泊まった。ここは鳥取県でも皆生《かいけ》、三朝《みささ》など団体客相手の温泉場とちがって、道路の両側に木造の古いつくりの粋《いき》な旅館が六、七軒あるだけの地味なところである。旅行案内風に言えば、家族旅行向き、といったところであろう。

部屋に通ると、さっそく主人がやってきて、大雪のなかをよくおいでくださった、と古風に挨拶する。それから、本日は土曜日でございますのにこの雪のために予約がすべてキャンセルになりましてお客様がただけでございます、という言上がある。キャンセルということばがひどく異質に響く、そんな宿であり主人である。こちらも膝《ひざ》を崩すことができず、中腰立てた中途半端な恰好で、どうもどうもと言う。

「カニがすっかり高うなりまして」

と主人はつづける。

「なんかもう私どもでは手の届かんようなお値段でございますが、お客様がぜひカニをというご要望でございましたので、とにかくご用意しておきました」

なんだか懼《おそ》れ多くて、カニがのどにつまりそうな気がするし、宿泊料も気にかかる。それに、どうもこの宿はわれわれにそぐわぬ感を免れない。

「なかなかいいじゃないか。こういう旅館でカニを食いながら雪見酒。いいじゃないか。そうだよね」

などと言い合うのだが、どこか虚《むな》しい響きがある。要するに私たち四人組にとっては、宿も立地条件も渋すぎて似つかわしくないのである。

こんな枯淡なところに心ならずも泊まることになったのには事情がある。同行のM君の旧友が鳥取にいたために、つい甘え心を起こしてカニと宿の世話を頼んだのである。頼むときにわれわれがどういう人種かよく説明せず、ひたすらカニカニと言ったために、相手の人は、世俗を脱して淡泊な味を愛《め》でる上品な一行と勘ちがいしたのである。お世話になっていながら不平を言うようで申しわけないが、どうもそうなのだ。

カニはうまかった。とくに生の灰緑色のを湯にさらして、ぱっと赤くなったところを食べるカニすきは逸品であった。生のカニは鳥取でもふらりと泊まって食べられるものではない。

しかしカニ料理というもの、あれは集団で食べるにはふさわしくないように私は思う。殻から身をほじくり出そうとするとき、もう耳が聞こえなくなる。話しかけられたって生返事をするのがやっとだ。眼鏡をはずして一心不乱、親不知《しらず》子不知の境地で、ただ黙々と孤独な格闘になる。燗酒《かんざけ》の冷めるのにも気が及ばない。コトッコトッとたぎる土鍋《どなべ》の湯、ボサリと落ちる軒の雪、静寂はカニがなくなるまでつづく。

食べ尽くしてようやく顔を上げ、ああお前もそこにいたか、とそれほどではないにしても、話のはずまぬことカニ料理の右に出るものはない。

およそカニなど食べさせたのでは、まとまるはずの商談もまとまらないだろう。逆に見合いなどはカニ料理屋でやるとよいかもしれない。あの白ける食卓で顔合わせをして、なおかつ前向きの姿勢、ということであれば相当脈がある。

さて、カニは終わった。もうすることがない。時間はあり余っている。

ちょうど四人揃《そろ》っているし、外は大雪だから麻雀《マージャン》でもやるのがふつうだろうが、あいにく私は麻雀ができない。汽車に乗るぐらいしか趣味のない人間だから、麻雀にかぎらず卓上遊戯はほとんど何も知らない。うっかりすると、今夜は暇らしい宿の主人を私の代わりに誘いこみ、私だけが除《の》け者にされかねない。それはたまらぬから、

「鳥取へ行ってみようか」

と私は言った。誰も異存はなかった。

タクシーを呼んで雪の道をときどきスリップしながら走った。二〇分ほどで市街地に入ったが、大通りですら路上はまっ白で、タクシーは凍《い》てついた氷雪をじゃりじゃり鳴らしながら、ネオンのある街にたどりついた。雪はやんでいたが空には月も星もなく、白い路上と対照的にまっ黒であった。

冬の山陰の盛り場は、どこも人通りが少ない。しかしネオンは灯《とも》っていて店のなかには客がちゃんといる。寒いから通りをぶらぶらせずに、さっと店に入ってしまうのであろうか。

地方都市の夜の街をうろつくのは好きだ。好きだけれど、とくにおもしろいというわけではない。時間の使い方として可もなく不可もない。ひとが聞いて「おもしろい」ようなことがあっては当の本人は大変なのである。

稀《まれ》に大変でおもしろいこともあるが、その夜は格別のことはなかった。そういうわけで、若干の欲求不満とともに、またタクシーで雪を蹴《け》たてて宿に帰った。岩井温泉はわずかな街灯が雪の路上を淋しく照らすだけで、旅館の灯《あか》りは消えていた。

ことしもまた冬の閑散期がやってきた。しかも私にとっては新しい型の冬である。会社勤めをやめたので、いままでのように土曜日曜だけの慌しい特急旅行をしなくてすむからである。会社を辞めて旅行ばかりしていたのでは干上がってしまうが、いましばらくはそうしていたい。

門司発5時20分の824列車という鈍行がある。この列車はディーゼル機関車に牽《けん》引《いん》される客車列車で、山陰本線の各駅に停車しながら福地山までの五九五・一キロを一八時間三一分かかって走る日本一の長距離鈍行である。門司を出ると次の下関で一四分も停車するという悠揚さで、そのあとも長門《ながと》市で一四分、益田で一七分、浜田で一四分、出雲市で一〇分、次の直江《なおえ》で約一二分、そのまた次の荘原《しょうばら》で約九分、米子で一一分、御来屋《みくりや》で約一〇分、浜村で約一〇分、鳥取で二〇分、浜坂で二四分、豊岡で一九分と停まって、福地山には23時51分に着く。鳥取は駅前に温泉が湧《わ》いているから大急ぎでひと風呂浴びて戻ってこられぬこともない。

こういう列車は、近代化とやらでやがて消え去るのだろうが、さいわい昭和五三年一〇月のダイヤ改正では生き残った。こんな鈍行に乗って、長時間停車の駅でちょっと駅前を散歩するなどしたら、特急や急行でつっ走るのとは別種の山陰本線がたのしめるだろう。

ことしの冬はぜひともこの８２４列車に乗ってみようと思う。一八時間半も通しで乗るのはきついから、門司から乗って日の暮れかかるころまで乗ろうかと考えている。さいわい沿線には温泉が多いし、食べものにしてもカニばかりでなく冬の逸品とされる宍道湖の白魚料理もある。

そして翌日は中国山地を横断して、連絡船で高松へ渡り、徳島で泊まる。冬の中国山脈越えはなかなかおもしろい。というのは、雪が降ったりやんだりで青空の見えない山陰から晴天のつづく山陽へと走ると、低い分水嶺《ぶんすいれい》を越えるわずか二〇分ぐらいのあいだに、天気が文字どおり陰から陽に変わるからだ。

徳島に泊まるのは鳴門の生ワカメを食べるためである。

もう九年も前のことになる。なんとなく汽車に乗りたくてでかけて、これもなんとなく徳島に泊まった。二月であった。

ふらっとすし屋に入って酒を注文したら、突出しに生ワカメが出た。なにげなく口にすると、これがワカメかと思うほどうまい。ふだん味噌汁や酢物で食べていたのはワカメじゃなかったのではないか、と思ったほどだ。

訊《たず》ねてみると、きょうとってきたのだと言う。ぬめっこさの舌ざわりとかすかな香りは筆舌の及ばぬものがある。味は、むしろないと言ったほうがよい。味がないのにうまいとは何事かと言われそうだけれど、フグだって味がないからうまいのだ。ゆっくり噛《か》んで舌の上に乗せていれば味がしてくるのだろうが、のどのほうが噛む暇をあたえずのみこんでしまうのである。そういううまさのように思われる。

あんまりうまいので、すし屋さんにはわるかったが、生ワカメばっかり幾度もおかわりをした。目の前に並んでいるタネのなかではワカメがいちばん安い。

それいらい、デパートで阿波名産展などがあると生乾きのワカメを買ってみるが、とてもあの味ではない。やはりとりたてでないとだめなのであろう。

鳴門ワカメの旬《しゅん》は冬だという。それで毎年冬になるとあの味が思い出されてくるのだが、つい雪のある地方へ足が向いてしまううちに九年もたってしまった。

今年こそ鳴門ワカメを、と思っている。年頭の決意表明にしては、いかにも志が小さいようだけれど、陰陽を股《また》にかけた鈍行旅行の一環であり、私の鉄道人生にとって、特急時代は去年で終わり、今年は鈍行元年なのだから、見方によってはそれほど小さくもないだろう。

3月　新幹線16号車16Ｂ席と祖谷渓《いやだに》

三月はじめのローカル線に乗ると、また春が来たなと思う。

もっとも、車窓からの眺めはまだ冬の延長で、春を告げるものは少ない。私が春の来訪を最初に感じるのは靴の中である。

新幹線をはじめ新型の車両の暖房は空調式で、どこからともなく暖かくなるけれど、鈍行の客車列車やディーゼルカーなどでは床の隅に熱気か蒸気を通すパイプが通っている。冷えこんだ始発列車に乗ると、そのうちに足もとで金鎚《かなづち》で鉄管を叩くような音がしはじめる。熱でパイプが膨張して継ぎ目や支柱がきしむのであろう。寒いからついその上に靴をのせる。そうすると水虫がむずむずと眼を覚ます。そして春が来たなと思うのである。

啓蟄《けいちつ》は太陽暦の三月六日ごろだそうだが、まったくそのとおりだ。

旅客のほうもそれに合わせて、三月に入るとそれまで家にこもっていたのが、駅や車内へ這《は》い出してくる。

まず最初は大学受験生である。

三月一〇日ごろまではまだ寒いから一般的には旅行シーズンでなく、以前は列車も空いていた。ところが大学進学率が高まったせいか、昨今は受験生らしい学生服が目立つようになってきた。

最近の受験生は贅沢《ぜいたく》になっていて、A寝台車から青ざめた顔で降りてきたりするし、ちゃんとしたホテルに泊まったりもする。ホテルのほうもまだ一般客のすくないシーズンだからか受験生の獲得に熱心であり、せめて息子の体調だけでも最上にしたいという親の心遣いもあるのだろう。

数年前、この季節に出張で金沢のホテルに泊まったことがあった。朝七時半ごろ食堂へ下りていくと雰囲気《ふんいき》が異様である。テーブルごとに黒い学生服姿が一人ずつ坐り、黙々とパンなどちぎっている。みんな入口に背を向け、おなじ方向に坐っているのは、互いに顔を見合わせたくないからなのだろうか。相席は一組もない。

受験生同士の相席はないが、母親が向かい合って坐っているのは何組かいる。母親は息子の顔色をうかがいながら何かと話しかけるが、受験生は黙ったまま返事もしないように見える。

あいにく空いたテーブルがなかったし、相席など薄気味わるくてできなかったから、私はいったん部屋へ引き返した。

三月も中旬になり彼岸が近づくと、何々旅行会といった旗を持つ添乗員に引率された団体客や修学旅行、それに一般の客が多くなる。官公庁などでは年度内に予算を使ってしまわないと来年度の予算獲得に影響するので、三月の後半は出張が多いともいう。

「修学旅行の生徒さんに申し上げます。他のお客さまの迷惑になりますから、用がないときは通路を行ったり来たりしないでください」

と専務車掌が放送したりするのもこの季節で、たんに混雑の度合いだけから見れば五月の連休、旧盆、年末年始のほうが上回っているが、車内の騒々しさ賑《にぎ》やかさは春休みがいちばんである。

それでも中学生などの団体は可愛げがある。私がどうしてもなじめないのは大人の団体客である。一人一人は私と似たりよったりの人たちで、一人か二人で旅行する時はおとなしいのだろうが、酒と集団心理でもういけない。こういうなかに放《ほう》りこまれると、いくら鉄道好きの私でもはやく降りたくなってくる。

そんなに団体客がいやなら他の静かな車両へ移ればよいわけだが、いまや指定券時代で自由のきかないことが多い。

　私は始発駅から乗る場合はだいたい自由席に乗る。外を見たい者にとっては車窓の左右が選べる自由席がよいからである。しかし、途中駅から乗る場合は閑散期でないかぎり指定券を購入する。そうすると、しばしば団体客のなかに投げこまれる。そうなるのは列車全体が混《こ》んでいる時であって、たとえ自由席へ行ったとしてもまず坐れない。

　たとえば、新幹線の「ひかり」の指定席を何回か利用した人ならお気づきであろうが、一週間前にはやばやと購入すると6号車か7号車が指定され、出発間近に購入すると15号車や16号車になることが多い。

「ひかり」の編成は1〜4号車が自由席、5〜7号車が指定席、8号車が食堂車、9号車がビュッフェと指定席の半分ずつ、10号車が指定席、11、12号車がグリーン車、13〜16号車が指定席となっているが、このうち一般の客への指定券は5〜10号車、団体客には13〜16号車と割り振って電算機に記憶させている。13、14号車あたりまで一般用にする場合もあるらしいが、だいたいそうなっている。

　したがって騒がしい団体客とおとなしい一般客とはいっしょにならないはずであるが、一般用の車両が満席になると団体用の車両の空席を一般客に回す。団体の員数と車両の座席数がぴったり一致することはまずないから、当然若干の空席があるわけで、そこに一般のお客が坐ることになる。

私は関西からの帰りにしばしば16号車に乗らされたが、どうしたことか16Bという席を引き当てたことが二度もあった。この席は最前部の三人掛けの中央で、一三〇〇もある新幹線の座席のなかでも最悪と思われる席である。おそらく最後に残った一席であろうから、それを引き当てるとは運がいいとも言えるのだが、とにかく背中の後方はすっかり出来上がった団体客で騒がしいし、さい果ての席だから車内販売も途中で売り切れれば引き返してしまうし、やっと来たと思うと吉備《きび》団子や八ツ橋だったりする。食堂車へ行くにも往復四〇〇メートルもよろめきながら歩かねばならない。

団体客のなかに放りこまれようと、さい果ての席しかなかろうと、さして重大なことではないけれど、こういうシーズンは他の乗りものや宿なども混んでいたりサービスがわるかったりして、総体的に快適でない。

だから私は三月、とくに後半の旅行は控えようとするのだが、それでも行きたくてしかたがなくなれば、やはりでかける。

しかし、かような時期であるから行先は観光客や団体客のあまり行かない地味なところを選ぶことになる。

旅行ガイドブックのシリーズはたくさん出ているが、四季を通じていちばんよく売れるのが「京都」、夏が近づくと「北海道」がよくなるが、売れ行きのつねにわるいのは「四国」だという。

昭和五一年の三月に私はその四国へ行った。

四国は新婚旅行の行かないところとして名高い。神戸から別府への瀬戸内海航路は新婚旅行のコースとして根強い人気があり、二人用の特別室は六カ月も前の発売と同時に売切れるそうであるが、それは船と海と島の人気であって、四国とは関係ないことらしい。

金毘羅《こんぴら》さん、お遍路、屋島、鳴門海峡、室戸岬、足摺岬《あしずりみさき》、大歩危小歩危《おおぼけこぼけ》、道後温泉、すこし立ち入って段々畑、祖谷渓《いやだに》、「おはなはん」の大洲《おおず》、闘牛、尾長鶏、讃岐《さぬき》うどんなどが四国観光から連想されるところであろうが、このうち若い女性の旅心をそそるのは足摺岬のほかにいくつあるだろうか。お遍路さんなどあの旅装束からして新婚旅行向きでない。ひと言で言えば四国のイメージは野暮ったいのであろう。こんなことを言うと四国の人に叱られそうだけれど、私自身本籍地が四国なので身にしみている。

「おくにはどちらですか」

「カガワ県です」

「ああ神奈川県ですか」

「いや、香川県です、四国の……」

ここで相手はちょっと言葉がつまる。しかし気をとりなおして、

「瀬戸内海はいいですね」

などと言ってくれる。しかし、残念ながら瀬戸内海は四国ではない。


時刻表と鉄道の好きな私にとっても四国は魅力にとぼしい。なにしろ国鉄の四国総局管内には食堂車が一両もなく、夜行列車は予讃本線と土讃本線に各一往復あるのに寝台車など連結してくれないのである。四国の国鉄旅客営業キロは八五九・八キロしかなく、全線のわずか四・一パーセントで、面積の対全国比よりもすくない。だから四国の国鉄全線に乗るのは容易なのだが、本籍地であるのについ足が向かず、昭和五一年二月現在、未乗の区間が四つもあった。内子《うちこ》線一〇・三キロ、予土《よど》線のうち若井―江川崎《えかわさき》間四二・七キロ、牟岐《むぎ》線のうち牟岐―海部《かいふ》間一一・六キロ、小松島線一・九キロの計六六・五キロであった。

当時の私は国鉄の全線を乗りつぶしてみようと一所懸命だったので、昭和五一年の

三月に四国へでかけたのは、その未乗線区に乗るためであった。団体客などで混雑する季節に旅行するなら不人気な四国が適当だと考えたからである。

当初の計画で金曜日の東京発17時36分の新幹線で出発し、真夜中に宇高《うこう》連絡船で高松へ渡り、その日のうちに松山、宇和島、高知、徳島と四国を一周しながら内子線、予土線、小松島線に乗り終えて徳島に一泊し、翌日の日曜日は牟岐線で終点の海部まで往復して四国全線完乗を果たし、その日のうちに東京まで帰ってくるつもりであった。汽車に乗るのがよほど好きでないとつき合いきれない強行軍である。

ところがそのことを会社で何気なく話したら、一人がついて行きたいと言った。北海道から九州まではひと通り行ったことがあるが四国だけは全然知らない、一度行ってみたいと思っていたが勝手がわからないし、旅行慣れしているらしい私といっしょなら安心だからこの際ひとつ、ということのようであった。

四国へ行きたい、その理由は「まだ行ったことがないから」と言う人が多い。行ったことのない所へ行ってみたいのはあたりまえではあるが、四国の場合は「ほかのところへはひと通り行ったことがあるけれど」というのが付帯するようだ。落穂拾いのようなもので、四国とはそんなところなのであろう。

けれども、四国の旅にはそれなりの味がある。野暮なところもあるが滋味もあり、いわば年配者向きである。

その人も四十の半ばに達した年配者で気のおけない人柄であったから、

「私の旅行は朝から晩まで汽車に乗るばっかりで、名所見物をするわけでなし温泉に泊まるわけでなし、つまりませんよ。でもそれでよかったら」

と私は言った。

「それでもいいですよ」

と彼は答えた。

すると、もう一人いっしょに行きたいという人が現れた。この人も四十を過ぎている。

「私の旅行は朝から晩まで汽車に乗るばっかりで……」

と私はおなじことを言った。

「それでもいいですよ」

とおなじ答が返ってきた。桃太郎と吉備団子の話みたいだなと私は思った。しかし、三人目の同行希望者は現れなかった。

気楽な同行者との旅もよいものである。けれども「それでもいいですよ」という、でも付きの同行者が一人ならず二人ともなれば、ちょっと考えなおさざるをえない。第一日目の予定は前夜から通しで二五時間の乗りづめであり、真夜中の宇高連絡船で四国へ渡るから寝台車にも乗れない。私は汽車に乗るのが目的だからそれでいいけれど、お二人はそうでないから途中でうんざりしてくるにちがいない。それでもいいですよ、と言った立場上がまんして黙っているだろうが、それでは気の毒だし、相手がそういう状態になればこっちだって気の毒である。

私は四国の未乗線区のうち徳島県の二本はつぎの機会に回して、今回は愛媛県の内子線と高知県の予土線だけにし、かわりに観光的要素を若干組み入れることにした。まず東京から新幹線は18時12分発とし、新大阪からは寝台特急「彗星《すいせい》3号」で別府まで行って船で西から四国の八幡浜《やわたはま》へ渡ることにした。

乗車券や寝台券を買ってきて二人に渡すと、四国へ行くはずなのに行先が九州であったから二人はちょっとびっくりしていたが、別府や船のイメージはよいらしく、嬉しそうな顔をした。私も嬉しくなり、別府で朝風呂に入れぬものかと検討したが、さすがにそれは無理で、駅から港へ直行して9時30分出航の宇和島運輸の船に乗った。

別府というところは、街のなかや地獄を歩き回っていると広いばかりで正体がつかみにくいけれど、海の上から眺めると鶴見岳など形のよい山を背負った明るい気持のよいところに見える。しかも残念ながら乗りものとしての快適さにおいて船は汽車より数等優れている。白波の向こうに遠ざかっていく別府を眺め飽きるとスナックでビールなど飲み、部屋に戻ってちょっと横になる。外国航路の豪華客船に乗った人から見れば貧弱な設備の船だろうが、それでも鉄道の遠く及ぶところではない。だから鉄道専業のはずだった私が、船はいいなあと無節操なことを言いながらはしゃぎはじめ、お二人のほうも異存のないことだから、たった三人ながら団体客のような様相を呈してきた。

それでも、八幡浜に上陸すると気をとりなおし、まっしぐらに第一の目的の内子線へ向かった。

内子線は、八幡浜から予讃本線で松山寄りに五つ目の五郎《ごろう》という小駅が起点である。終点の内子までわずか一〇・三キロの地味な盲腸線で、二四一もある国鉄線区のうち影の薄いことでは五指に入ると思われる。

五郎は、分岐駅にしてはいかにも貧弱なつくりで、本線のホームも狭い。その狭いホームの片側を借りて一両のディーゼルカーがぽつんと停まっている。これが13時24

分発の内子行であった。この時間であるから乗客は少なく、ひっそりと発車すると、雑木の生えた低い丘陵に曲りくねって敷かれた線路の上を一両のディーゼルカーはゆっくりと上って行った。車窓からとくに見るものとてなく、昼下りのけだるい車内で三人は黙ったままぼんやり坐っていた。

私は国鉄全線に乗ってみようとの志があるからよいけれど、同行の二人はいったいどうなのだろう。うっかり随《つ》いてきたものの、つまらないなあと思っているのではないだろうか。

さいわい短い区間なので二〇分余り走って13時46分に内子に着いた。木造の古い駅舎であった。

「どうでしたかな、内子線の乗り心地は？」

と私はきいた。

「おもしろかったですよ、なんだかとろんとしてきて」

と一人が答えた。もう一人がなんと言ったか忘れたが、これもつまらなかったとは言わなかった。

おもしろかったというのと、とろん、つまり退屈で眠いといった状態とは背反するようだが、その言葉には実感があった。われわれ三人はきのうの夕方まで東京のビル

の中でガタガタ仕事をしていたのである。私は大いに気をよくし、いっしょに来てよかったなと思った。

内子町は宿場町で大洲和紙の取引きなどもおこなわれていたところであるが、いまは木工、葉タバコ栽培などで生活する地味な町らしい。駅前もひっそりしていた。

折り返しの発車時刻まで五〇分ほどあるが見物するところもないので、小路で見つけた小さな食堂に入った。壁に貼《は》られた品書きには、おでん、のり巻き、肉うどん、ほかにもうひとつぐらい何かあったかもしれないが、そんな店でうどんを食べて時間をつぶした。

五郎に戻り、15時09分発の鈍行列車で

宇和島へ向かう。時刻表によれば、この列車は途中の立間《たちま》という駅で一五、六分待避停車して急行に抜かれるので、八幡浜あたりで急行に乗り換えるのも一案である。二人の意向を訊《たず》ねてみると、

「いいですよ。鈍行のほうがいいですよ」

と異口同音であった。私はまた気をよくした。だんだんわが党の士らしくなってきた。

その日は宇和島で泊まった。予約しておいた宿は、通りに面して格子戸のある古いしもたや風のつくりであった。

こういうのは幸いなのか不幸なのかわからないけれど、宿の夕食の膳は品数も量も特色も少なかったので、よし宇和島らしいものを食いに行こうと三人は勇んで街へ出た。鈍行列車は胃によいのか、食欲も旺盛《おうせい》になっていた。

宇和島は魚に恵まれた町なのであろう、目移りがしてしようがない。皿鉢《さはち》料理とあれば立ち止まり、鯛《たい》めし屋があれば顔を見合わせる。少量ずつとはいえ宿の食事と合わせると都合三回の夕食となったから、さすがに満腹した。

ひとり旅ではこのようなことはない。二人旅でもまずない。が、三人揃《そろ》うと団体的はずみがつきはじめるらしい。四人になると国鉄では団体旅行に準じた扱いをするよ

うになり、駅の窓口でも一カ月前から指定券を発売する。割り当てる車両も団体用で一般客とは隔離され、新幹線の場合なら、15、16号車となる。

翌日の日曜日は予土線にはじまる。

予土線は予讃本線と土讃本線の末端をつなぐ七六・三キロの長い線区である。全通したのは比較的新しく昭和四九年三月で、それまでは北宇和島―江川崎間しかなかった。この区間にはすでに一度乗ったことがあり、江川崎から土讃本線の終点窪川《くぼかわ》までは国鉄バスで三時間かかって行った。三時間も要したのはこの間を流れる四万十川《しまんと》がS字型をくりかえしながら蛇行《だこう》し、道路もそれに忠実に沿っていたからであった。

四万十川は山間《やまあい》ばかりを流れるのに川幅が広く水量も多い立派な川である。天塩《てしお》川、江川《ごうがわ》、熊野川とともに私の好きな川の一つだ。

すでにバスやタクシーなどで通ったことのある区間に鉄道が開通してそれに乗る、というのは非常に楽しいものである。夢心地になることもある。土地の人が随喜する気持の何分の一かは理解できる。しかも景色のよい四万十川沿いの新線だから、私にとって今回の四国旅行の第一の楽しみは予土線であった。

宇和島発9時24分の列車は予土線唯一の快速列車である。江川崎までは戦前に宇和島鉄道から買収した区間で急カーブが多く、のろのろと走ったが、新線に入ると在来線から新幹線に乗り入れたように線路の敷き方が変わり、川が蛇行するところは鉄橋とトンネルでどんどん短絡して行く。速度も速くなり、バスで三時間かかったところを四九分で走り抜けてしまった。

バスの三時間は長すぎるが、これではあまりに呆気《あっけ》ない。せめて鈍行に乗りたかったなと私は後悔した。

予土線の快速列車は窪川で土讃本線の急行に併結される。母体は中村始発の「あしずり3号」高松行である。

内子線と予土線に乗り終え、私の主目的は達せられたので、きょうはこれから観光旅行に切り換えてお二人を慰めることになっている。二人とも鉄道旅行はおもしろいと言い、私の気をよくしてくれたが、それは第一日目の感想であって、二日目までつづくかどうかはあやしい。

急行「あしずり3号」は窪川を出ると四万十川と別れ、トンネルを抜けて高い位置から土佐の海を見下ろすようになる。水平線が丸く見えるかに広がった南国の海はひときわ青く、濃い緑をのせたまま海に落ちこむ岬と入りくんだ湾の眺めは土讃本線の車窓の見所の一つである。しかし、同行の一人は居眠りをはじめている。

宇野発21時00分の特急「瀬戸」の寝台券は確保してあり、高松を19時35分に出る連絡船に間に合えばよい。三時間ほど余裕があるから、どこか一カ所の観光はできる。竜河洞《りゅうがどう》へ行くのも一案であるが、鍾乳洞《しょうにゅうどう》というものは一回入ってみるともう十分で、とても二度行く気にならない。それで、三人とも行ったことのない祖谷渓に入ってみることにした。

祖谷渓は例によって平家の落人《おちゅうど》伝説の付帯した深い長い谷である。谷の入口は阿波池田に近い祖谷口で、従来はそこからしか入れなかったが、最近、大歩危から山を越えて祖谷渓の中心一宇《いちう》へ直結する有料道路ができた、と案内書に書いてある。それなら大歩危から入って祖谷口へ抜けるのがよかろうと私は考えた。

ただし、このコースだとひとつ気がかりなことがある。祖谷渓沿いの道路は深い谷の中腹につけられている。しかも地方道で道幅も狭く舗装も不十分らしい。バス同士がすれちがうときは車両の後部が道路からはみ出して直下一〇〇メートルもの断崖《だんがい》の上へ突き出してしまうから、心臓の弱い人は眼をつぶっていたほうがいい、などと書いてある本もある。

祖谷渓の道は右岸にある。したがって車がすれちがうとき、安全な山側に待避するのは祖谷口から入って来るほうで、私たちのように大歩危から入って上流から下る場合は修験者のように崖《がけ》の上へ突き出されることになる。

あいにく同行のお一人は高所恐怖症である。きのう船に乗ったときも欄干に手はかけるけれど腰をぐっと後に引いていたし、まして首を出して海面を見下ろすようなことはなかった。

私は真剣になって逆のコースにならないかと時刻表と相談したが、これだと大歩危と祖谷口の間を二度も通らなければならないし、「あしずり3号」は大歩危には停車するが祖谷口には停まらないから阿波池田まで行って引き返さねばならず、時間がかかりすぎてうまくいかない。お気の毒ではあるが、そのかわりバスでなくタクシーにすれば崖の上に突き出ることはないから、まあいいだろうと考えることにした。

大歩危駅からタクシーに乗ってコースを告げると運転手は、谷沿いの道の途中に崖崩れがあって祖谷口へは抜けられませんよ、と言った。私はちょっと安心したが残念でもあるので、行けるところまで行って引き返してくることにした。

祖谷渓は想像していたより嶮《けわ》しいところだった。ちょうどVの字とおなじ六〇度から七〇度くらいの傾斜で曲折しながらつづき、道はかなり高いところを地図の等高線のようにくねっている。このくらいの急傾斜になると、下から見上げれば斜面に見えるが、上から見下ろすと断崖のように感じられるものである。

不通個所は、幸か不幸か、谷がいちばん深いとされる所より下流にあった。だから運転手は、私たちを最高の断崖まで連れて行った。さいわい車が上って来ないから谷側に待避することはなかったが、それでもやはりスリルがある。

「こないだも乗用車が一台谷底へ落ちた」

と運転手が言う。

「落ちるほうも大変だろうが、それを回収するほうはもっと大変だ」

などとも言う。

谷のいちばん深いところでは水面から一〇〇メートル以上と思われる高さにまで道がせりあがり、ガードレールの外側には小さな小便小僧の像があって、谷底めがけて腰を突き出している。運転手はその像と並んで立ち、小石を谷に向かって投げたりするので、見ているほうがハラハラする。そのうしろで、高所恐怖症でないほうの一人が片足だけ道の向こうへ出している。これは相当高所に強いと言える。私は道の外へは一歩も出られない。問題の人は道の中央に立って、危ないからやめなさい、などと言っている。

祖谷渓には有名なかずら橋がある。床部に丸太がくくりつけられてはいるが、あとはカズラを編んだだけの吊《つ》り橋で、これを渡らないと祖谷渓に来たことにならないような名所である。だから三人とも渡らなければならない。

まず一人がすいすいと一分ぐらいで渡る。長さは四五メートルでたいしたことはないにせよ、手すりの壁綱に手も触れないのだからえらいものである。

つぎに私が渡る。高さは一二メートルだから高い橋ではないが、股《また》の間から下は丸見えだし、一歩踏み出すたびに足元が弾むから壁綱を片手で握らなくてはとても渡れない。

恐る恐る渡り終わってふりかえると、最後の人が渡ってくる。両手が壁綱を握りしめているので横歩きになっている。歩くといっても立ち止まっているときのほうがながいから手すりにつかまって川面を眺めているようでもあり投身寸前のようにも見える。

ずいぶんながいことかかったが目出度く渡り終わったので、ほっとしながら見るとさすがに目が赤い。

汽車だけでなく高所までつき合わせてしまったから気の毒な気がし、慰めるつもりで私は、

「ご苦労さま。汽車に乗るのより面白いでしょう」

と声をかけた。

「口がわるいなあ」

と彼は答えた。

4月　寝台電車と高千穂橋梁

旅行月としての四月は、谷間のような月である。

私は毎月、今月は旅行に出かけるのに好適だとか、そうでないとか、好条件悪条件を並べたてながら、けっきょくはどこかしらへ出かけてしまうのであるが、それでも過去の記録を見ると、ほとんど旅行していない月が三月ある。

まず八月。暑くて混《こ》む月だから、これはわかる。山や海へ行く人ならとにかく、私のように汽車に乗ること自体を旅行の主目的とする人間は敬遠せざるをえない。

つぎに一二月。正月休みの分まで仕事をしなければならぬ忙しい月だから、これもわかる。

もうひとつは四月である。八月や一二月ほどではないが、他の月にくらべると非常に旅行回数がすくない。しかもこの現象は私だけではないらしい。

四月は一〇月とともにもっとも気候のよい月である。野や山は言うまでもなく、とにかく浮かれ出たい季節である。冬の間は一進一退だった男女の仲がにわかに前向きになる月だとも言われる。そういう月だから旅行者が多くなりそうなのだが、そうではない。春休みが終わってから連休のはじまる二九日の直前までは、乗りものも意外に空いている。

なぜかと考えてみると、四月は新年度、新学年の最初の月である。何かと心を新たにする月だから旅行などしていられないのだろう。大学の教室も四月だけは学生がたくさんいる。

しかし私の場合は、そのこととは関係がない。要するに子供の春休みとゴールデン・ウイークの谷間なのである。私だけでなく、多くの人がそうであろう。

子供は学校が休みになると、どこかへ連れて行けとせがむ。春、夏、正月と三回せがまれるわけであるが、このうち正月はいろいろ気を紛らしてくれる伝統行事があるから、そちらへ関心を振り向けてしまえば済む。夏休みは学校側が海か山へ連れて行ってくれるし、ひとの山荘を拝借したりして何とかしてしまうが、春休みだけはこちらが面倒を見なければならない。

一年に一回ぐらいは家族そろって旅行するのもよいことである。だから異存はないのだが、子供というものは、汽車に乗りたがる点は私とよく似ているが、乗って一時間もすると降りたがる。こういう面白いものに乗っていながら、なぜ降りたいのかときくと、早く着いて遊びたいからだと言う。鉄道に対する考え方が大人たちと同じである。

そういう連中を連れて行くのだから、行先は伊豆とか富士五湖程度になり、まことに乗り甲斐《がい》がない。

しかし、それでも一泊ぐらいはするから旅行であることに変わりはなく、一家四人で出歩けば金もかかる。女房の予算を超過するので私個人の財政に影響を及ぼしたりする。帰ってからしばらくは、気分的にも経済的にも、不急不用の旅行はやめましょう、といった戦時中の標語みたいな空気に包まれて四月を過ごす。

半月もすれば、その空気は払拭《ふっしょく》されてくるけれど、まもなくゴールデン・ウイークというのがやってくる。旅行好きの勤め人にとってこの機は逃せない。気分的にも経済的にもそれに備えることになり、じっとしたまま四月が過ぎていく。桜前線はどんどん北上して、四月一五日が仙台、四月三〇日には津軽海峡を渡る。

そういうわけで、四月は旅行らしい旅行のしにくい月である。私の旅行記録を見ると、武蔵野線と西寒川《にしさむかわ》線に乗ったのが四月となっている。いずれも半日コースで、西寒川線のごときは仕事で熱海へ行った帰りに立ち寄っている。われながらいじらしい。

西寒川線というのは相模《さがみ》線の枝線で、わずか一・五キロの線区である。

それでも例外の年が二度だけある。

一度は昭和五二年で、四月中に九州と会津とにでかけている。この年は私の宿願であった国鉄全線完乗の最終段階にあり、見境なく張切っていたし、それまでの半年間は仕事の都合でほとんど旅行できなかったために経済的余裕もあったという異例の年である。

あとの一度は昭和五〇年の九州行である。もっとも、夜行一泊、博多一泊の正味二日間であるから、九州旅行としては規模が小さい。

四月一一日金曜日、会社を三〇分ばかり早く脱《ぬ》け出して、東京発16時48分の新幹線に乗った。ちょうどこの「ひかり」で出張する同僚がいたので、誘い合わせて食堂車にいった。彼はグリーン車で私は普通車である。ビールを何本も飲み、名古屋に近づくまで食堂車にいた。そんなにながくいたのは、四月中旬だから列車全体が空いていて、夕食時なのに食堂車が満員でなかったことと、グリーン車の客を食堂車に引き留めておくのが愉快だったからである。

それで大いに歓談したわけであるが、しかし、四月の食堂車に乗ったときは気をつけたほうがいい。高校を出て配属されたばかりのウエイトレスが多いからである。動作がぎこちなく、ういういしいので一見してそれとわかって好もしいが、こういう子にかぎってビールを注文すると最初の一杯を注いでくれる。ところが、これがかならず溢《あふ》れ出てテーブルクロスをびしょびしょにする。

東京発16時48分の「ひかり」は広島県の三原に22時08分に着くので、22時20分発の寝台特急「彗星1号」宮崎行に乗り継げる。「彗星1号」に始発駅の新大阪から乗ろうとすれば東京発15時00分でなければ間に合わないから、三原まで新幹線を利用したことで二時間近く節約できるのである。しかし、三原で乗り継いだ客は私の他《ほか》に数人しかいなかった。

寝台列車は、始発駅や一、二の主要駅ではホームも車内の通路も賑《にぎ》わうが、午後一〇時ごろから翌朝七時ごろまでは車内放送はいっさいなく、列車が停車してもホームのスピーカーが駅名を連呼しないから、静かである。途中駅から乗るときなど、静々と入線してきた列車に黙々と乗りこみ、車掌に寝台券を見せて指定された寝台のカーテンに頭を突っこむと、音もなく動き出す。昼間の列車のように、見送り人は車内に入るなとか、ベルが鳴り終わると同時にドアが閉まるから気をつけろとか、その他いろいろなご注意がないから、静かでよいが、陰々滅々といった感もある。しかも、

「彗星1号」は金曜日なのに空いていて、不人気な上段や中段はほとんど客がなかったからなおのことであった。私は二日前に思いたって寝台券を買ったのに下段を入手できた。

「彗星1号」は電車である。電車寝台は日本の国鉄にしかない。電車はモーターの音がうるさいので寝台車には不向き、というのが世界的通念となっているが、国鉄では車両を効率よく走り回らすことのできる電車の特性を活かすため、寝台車まで電車化したのである。

四月の旅と関係のない話になるが、従来の寝台車は夜行列車にしか使用できなかった。朝になると寝台を折り畳んで座席になるように工夫されてはいるが、寝台用としての設計が優先しているから、座席に組み直された状態はあまり快適ではない。したがって昼間用の列車には使用できず、終着駅に着いた寝台車は夜になるまで遊ばせておかざるをえなかった。

東京から博多や鹿児島などへ行く、いわゆる九州特急のように二〇時間前後も走る列車なら車両の遊休時間がすくなくてすむが、日本の夜行列車の運転時間は一二時間前後が多いから、寝台車運用の効率は一般にわるい。

そこで考え出されたのが電車寝台で、夜は寝台列車として走り、終着駅に着くと急いで寝台を折り畳んで座席車に変貌《へんぼう》させ、昼間特急として始発駅まで戻ってくる。車両運用の効率が二倍になるわけである。たんに夜は寝台、昼は座席とするだけなら電車にする必要はないかに思われるが、昼間に特急として走らせるには電車でないと速度の点で商品にならないのである。それに電車であれば機関車のつけかえなどの手間がかからない。こうして生まれたのが五八一系という型式の寝台電車で、昭和四二年から走り始めた。

これは夜乗ると寝台が三段になっているが、昼間乗ると四人向かい合いの座席である。つまり横になった人間を三人運ぶと帰りは坐った人間を四人運ぶという仕掛けになっている。その仕掛けの具合いを見くらべてみると、じつにうまく工夫されていて、なんたる頭の良さかと感心するのだが、これが最近とみに評判がわるい。寝台用と座席用との二つの機能を対等に扱おうとしたために、それぞれの設計に無理が生じているためだろう。

まず寝台の状態では、下段のみがA寝台かと見まがうばかりに幅が広く天井も高い。窓も下段が一人占めしている。その代り中段上段の天井の低さはどうだ。下段に半分占領された残りを二段に分けたようなものだから、中段のごときは上半身を四五度ぐらい起こすともう頭がつかえる。上段も屋根裏の丸みの接着するようにして寝なければならない。

昼間の座席にも問題がある。東北本線の特急「はつかり」、北陸本線の「雷鳥」、鹿児島本線の「有明」などに乗ってみると、「特急」の通念と期待に反した四人掛けなので、「おや、これで特急なのか」と不審の念を抱かれた人が多いと思うが、これが電車寝台の昼間の姿なのである。座席自体はなかなかよく、腰かけも背もたれもゆったりしており、前の席との間隔も広くて、等級が一、二、三等に分かれていた時代の二等車より坐り心地がよいくらいだが、いまや特急は二人ずつ前向きに坐るものとの考え方が定着し、そこに都会人的プライバシーを乗客が期待する時代になっている。

そういう欠点のある電車寝台であり、とくに上段中段と下段との格差があり過ぎるところに問題があると私は思うのだが、とにかく運のいいことに私は下段に寝ている。二日前に購入して下段が入手できたのは、やはり四月中旬だからであろう。

この電車寝台の料金は、当時、上段と中断が各一六〇〇円、下段が一九〇〇円で、占有する空間が一対二ほどの格差があるにしては差がすくない。しかも乗車券と特急券はどの段に寝ようと同額なのだから、ずいぶん不公平である。

もしこんな料金の建て方を、お互いに顔をつき合わせる座席車でされたら、「下段」の客は気がひけてしようがないけれど、寝台は一人ずつ隔離されているから、下段が手に入ってよかったな、と図々《ずうずう》しく眠ってしまえばよいのだが。

電車寝台特急「彗星1号」は、定刻7時06分、延岡に着いた。

日向《ひゅうが》の空は快晴であった。東京を夕方に発《た》ち、一夜明けると青い空であれ雪国であれ、要するに東京らしくないところに着いている、という変幻、私はそれが大好きである。

駅前広場に蘇鉄《そてつ》を植えた延岡の駅は案外小ぢんまりしていたが、構内に小さな食堂があったので、そこで朝定食のみそ汁をすすりながら、いい気分でなんとなくテレビを見ていると、

「ただいま関東地方を中心にかなりの地震がありました。くわしいことは……」

という字幕が映った。

こういう知らされ方をすると、ほかにどんな知らせ方があるかと思いめぐらす余裕がなくなり、すでに一家は全滅しているのではないか、と考える。急いで公衆電話のダイヤルを回してみると、信号音は鳴っているが誰も出てこない。家は倒壊しても電

話機だけは潰《つぶ》れずに独り鳴りつづけているのであろう。

そのうちに女房の眠たそうな声が出て、

「地震なんかなかったわ。いま何時？」

と言う。

「そんなはずはない。たしかにあったのだ」

と私は言った。

きょうはこれから高千穂線、高森線、宮原《みやのはる》線の三つのローカル盲腸線に乗る予定にしている。

高千穂線は、延岡から高千穂まで五〇・一キロの線である。このうち三七・六キロ地点にある日《ひ》ノ影《かげ》までは昭和一四年に開通し、日ノ影線と呼ばれていたが、昭和四七年に高千穂まで延長されたのを機に改称された。全線が五ヶ瀬川の谷に沿っていて景色がよく、しかも新開通の区間には高さ一〇五メートルという日本一高い鉄橋が架けられたから楽しみな線区である。

延岡発7時42分のディーゼルカーは、金曜日の夜行特急に接続しているのに観光客らしい姿はなく、土地の人がぱらぱら乗っているばかりであった。運転席も開放的で、前方がよく見える。

高千穂線の駅名には、古風なもの難読なもの、それに彫りの深いものが多い。まず延岡から二つ目の行縢《むかばき》を過ぎると狭い平野は終わり、五ヶ瀬川の渓流に沿う。吐合《はきあい》、曽木《そき》、川水流《かわずる》と進むうちに谷が深くなり、早日渡《はやひと》から峡谷となる。線路は川面から高く離れ、窓の下に激しい流れを見下ろすようになると、日ノ影に着く。延岡から一時間二〇分ほどである。峡谷に沿った古い駅舎には日ノ影線時代の終着駅としての風格が残っている。

日ノ影からは新開通の区間なので、これまでとは車窓の景観は一変する。地図の上では五ヶ瀬川に沿っているが、線路は川筋に忠実でなくなり、勝手にトンネルを掘ってまっすぐ進む。トンネルを出ると影待《かげまち》、またトンネルを出ると深角《ふかすみ》、そしてもう一つ長いトンネルを抜けると、突然、列車は空中に躍り出たようになる。日本一の高千穂橋梁《きょうりょう》にかかったのである。

私は最前部へ行って待機していたのだが、さすがに高い。しかも鉄骨のトラスは線路を下から支えているので、運転席の脇から見ると、線路だけが中空を行くように見える。ちょっと高すぎるなと思う。

それなのに、運転士は鉄橋にかかるとブレーキをかけ、直下一〇五メートルもあるいちばん高いところで列車を停めるではないか。そしてうしろを振り返り、窓を開けて首を出してみろと言う。線路際には保線掛のための細い通路が設けられているので、直下は見えないが相当なところである。谷の両岸は阿蘇の熔岩《ようがん》で、樹も張りついているが岩肌も露出しており、それが荒々しく切れ込んだ谷底に水がある。水の色など目がくらんでいるから、わからない。

こんなところで臨時停車していただかなくて結構だし、場所柄からいって風も吹いている。私はすぐ窓を閉め、運転士に向かって、どうもどうもと言った。もういいから発車してくれ、という合図でもあった。しかし運転士は、

「きょうは定時より二分早いから、どうぞごゆっくり。せっかくだから写真をどうぞ」

などと言う。

私は写真機を持っていなかったから、それを理由に、もういいと言った。運転士がもの足りなさそうにプワンと警笛を鳴らすと、列車はそろそろと動き出した。

鉄橋を渡り終わると天岩戸《あまのいわと》という駅がある。ここから谷に沿って五キロばかり入ったところに天岩戸神社の東宮と西宮があり、御神体は対岸にある洞窟《どうくつ》だという。

目のくらむような鉄橋の上で停車されて、少々有難迷惑ではあったが、渡り終わって大地に足が着いてしまうと、もうちょっと橋の上にいればよかったか、という気にもなる。

それにしても、日本一の鉄橋の上で列車を停めてもらったとは愉快である。私はあちこち乗り回っているが、速度を落としてゆっくり走ってくれたことはあっても、ぴたりと停車までしてくれた経験はない。いい土産話、自慢話ができたと私は嬉しくなり、東京に帰ってからいろいろな人にそのことを話した。みんなこれには興味を示し、旅行にあまり関心のない人でも、

「ローカル線って、いいんだなあ。行ってみたいなあ」

というような反応を示した。

「誰でも停めてくれるってわけじゃないだろうけどね」

と私は得意であったが、たまたま交通公社に勤める知人に会った際、そのことを話すと、

「ああ、あそこね。昼間はたいてい橋のまん中で停めてますね」

と珍しくもなさそうに言った。

高千穂付近の地形は地図を見ても、ややこしくてよくわからない。無数に分岐した

五ヶ瀬川の上流が、阿蘇の外輪山へつづく熔岩台地を刻んでいるらしいのだが、高千穂に着いても正体がさだかでない。さっき渡った深い谷のことなどうそのように、明るく広々としていて、周囲は平凡な山ばかりである。

そういうところに一本深く刻まれた谷があり、高千穂峡と呼ばれている。駅からもバスターミナルからも近いので見物に行く。

高千穂峡の遊歩道は平坦な熔岩段丘の上につけられていた。自然の岩だから凹凸はあるが、面積が広いのでコンクリートの運動場のようでもある。途中に手摺《てす》りもない小さな橋がかかっている。町中のどぶ川で見かけるような橋である。しかし、渡りかけて下を覗《のぞ》くと足がすくむ。両側は絶壁で一五メートルぐらい下に青緑色に淀《よど》んだ水がある。そのようなところだがボートが幾艘《そう》も浮かんでいて二人連れがのんびり乗っている。おかしな峡谷である。さすがに阿蘇は大火山で、中心から三〇キロも離れたところにまで熔岩の奇勝をつくっているのである。

高千穂からバスで複雑な山ひだに沿って登り、阿蘇の外輪山を南東側から越えると、脚下に高森《たかもり》町の家並が光っていた。

阿蘇の外輪山に囲まれた内側は、中央で噴煙をあげる中岳などの五岳を境に北側が阿蘇谷、南側が南郷谷《なんごうだに》となっている。谷といっても水田の多いところである。

高森線は高森から豊肥本線の立野《たての》まで一七・七キロの線区で、線路は南郷谷を流れる白川に沿っている。阿蘇の観光ルートは北側を通るので高森線はひっそりしているが、裏側から見る阿蘇五岳は北川より嶮《けわ》しく、ゴツゴツしていて、絵葉書とはちがった阿蘇を見せてくれる。

高森線の列車は阿蘇を眺めながら水田のなかを走る。14時17分発で土曜日だから高校生がたくさん乗っている。各駅ごとに降りて、三つ目の阿蘇下田でほとんど高校生がいなくなる。このあたりまでは水田と段々畑の農村で、陥没火口原《カルデラ》という恐ろしいところにいるとはとても思えない。

ところが、つぎの長陽《ちょうよう》を過ぎ、トンネルを抜けると、ほんの数秒ではあるが景観が一変する。密度の濃い原生林に被《おお》われた狭く深い谷を鉄橋で渡るのである。いままでおとなしかった白川が、ここで躁病《そうびょう》の発作を起こしたように外輪山を突き破って熊本平野へ流れ下ろうとしており、千尋の谷とはこんなところを指すのだろうと思わせる。架けられた鉄橋の名は第一白川橋梁、高さ六五メートルで、けさ渡った高千穂橋梁ができるまでは日本一高い鉄橋であった。しかし、あちらが中空を行くような広々した感があったのに対し、こちらは狭く暗い谷なので、別種の凄味《すごみ》がある。もっとも、こんどは臨時停車せず、一気に対岸のトンネルに突入して、立野に着いた。けさから眼がくらんだり足がすくんだり、そんなことばかりだけれど、これも規模において世界一とされる阿蘇火山のせいであろう。

立野からは豊肥本線の急行に乗り換えて、北側の阿蘇谷に入り、阿蘇で下車した。ここは阿蘇観光の表口で、駅に接した立派なバスターミナルには観光バスが頻繁《ひんぱん》に発着している。しかし私は阿蘇に背を向けて外輪山を北に越え、杉の美林のなかを小国《おぐに》へ向かった。

小国町は小国杉の産地である。山深いところにあるが、杉の威力で昭和二九年に鉄道が開通している。久留米《くるめ》と大分を結ぶ久大《きゅうだい》本線の恵良《えら》という小駅から肥後小国まで二六・六キロの宮原線がそれで、小国町の中心集落である宮原の名をとって線名としている。

宮原線の終着駅肥後小国は、予想していたより立派な駅で、貨物線が何本も敷かれていた。時刻表を見ると、この駅に発着する列車は一日三本、土曜のみ四本という閑散ぶりなので、無人駅だろうと思っていたのだが、駅員が何人もいた。しかし、すでに昭和四六年に貨物営業は廃止されている。人間より杉材を運ぶことを主眼に建設された線路であり駅であるのに、各地の線区とおなじくトラックに貨物を奪われてしまったにちがいない。昭和五二年度の国鉄の監査報告によると、宮原線の収支は、支出が収益の二〇・一五倍という惨たる状態で、全国で第七位の大赤字線となっている。

杉は雨で育つという。杉山の所有者は「一雨二千両」と言われ、この小国にも一〇人以上の長者がいるそうだが、国鉄の肥後小国駅を16時46分に発車した宮原線の上り終列車は、二千両には較ぶべくもないたった一両のディーゼルカーで、しかも数人の客しか乗っていなかった。

宮原線は九州の小海《こうみ》線と言われるだけあって、熊本と大分の県境を越えるあたりは高原列車の興趣があったが、夕暮れが近づいてきたので関心は今夜の宿泊地に移っていく。

大分県に入ると、宝泉寺という非常に俗化した温泉があり、つぎの町田の駅近くには裸電球の下がった露天風呂で混浴する壁湯《かべゆ》という対蹠《たいせき》的なものもある。どちらもおもしろそうだが、先へ行けばもっといい所があるような気がするのが常で、宝泉寺でも町田でも降りない。

久大本線の上り列車に乗り、二〇分ほど行くと、駅のすぐ右手の谷に旅館の立ち並んだ天ヶ瀬《あませ》温泉がある。もう六時を過ぎたことでもあり、ここいらにしようかと思っていたが、現物をまのあたりにするとその気がなくなって、ここも通り過ぎる。

この列車は鈍行で、18時38分着の日田《ひた》が終着である。日田は筑後川に沿う城下町であり、水郷日田と言われる情趣あるところである。すこしぬるいが温泉も湧《わ》いている。まず申し分のない宿泊地であるから、そのつもりで降りたが、川っぷちに並ぶ割烹《かっぽう》旅館や鵜飼《うかい》のシーズンを待って岸につながれている屋形船を薄闇のなかで眺めているうちに、なんだかわびしくなってきて、駅に戻った。

日田発19時55分の急行「由布《ゆふ》2号」博多行に乗り、その日はけっきょく博多で泊まった。

5月 食堂車の怪と無人終着駅

ゴールデン・ウイークが終ると、とたんに列車は空いてしまう。冬期につぐ閑散期になる。この閑散期は七月上旬までつづく。

梅雨の六月を旅行者が敬遠するのは当然としても、五月、とくに五月中旬下旬という絶好の季節が旅行シーズンでなくなるのである。

こんな良い季節に旅行者が激減するのは、農繁期だからでもあるが、やはりゴールデン・ウイークにどっと出かけた人たちが、しばらく旅行離れをするからであろう。けれども、都会の生活者はあまり気づかないのだが、ゴールデン・ウイークと五月中旬下旬とでは、かなり気象がちがう。あとのほうがずっと天気がいいのである。

「五月晴れの空に鯉のぼりが……」と言うから、ついゴールデン・ウイークと青空とを結びつけてしまうのだが、意外に雨や曇で、うすら寒い日が多い。家族連れで出かけたが寒い寒いと震えているうちに雨が降ってきたので早目に引きあげた、といった経験をもつ人が多いのではないだろうか。気象庁の統計を見ても、四月二九日から五日までの間に低気圧や前線の影響を受けなかった年はほとんどない。二度も影響を受ける年がもっとも多いのである。

ゴールデン・ウイークは春から夏への変り目にあたっているから、天候が不安定なのだ。期間中に山での遭難が多いのも、たんに人出が多いからだけではなく、天気が変りやすく、いわゆる「新緑寒波」に襲われるためという。

そういう恵まれない季節ではあるが、休日が集中しているから、人びとはどっと山野にくり出す。そして、初夏らしい安定した青空が広がる五月中旬以降は家やビルのなかに閉じこもる、という妙なことになっている。

五月のはじめに二つの祭日を新設し、保養週間を国民に提供しようと考えた人たちの見識は評価できる。けれども、もう一週間、前から後にずらせばよかったのに、と私は思う。

要するに、と言っても実は何も要約しないのだが、私の旅行は鉄道に乗るばかりが目的だから、天候の良し悪しはあまり関係がない。むしろ、五月の車窓は明る過ぎて陰影に乏しく、秋や冬のような旅情を感じさせてはくれない。けれども、なんと言っても日の長いのが有難い。時刻表で日程を検討していても、じつにやりやすい。だから、どうしても五月、六月は旅行に出かける回数が多くなる。昭和五一年の五月のごときは四回も出かけている。われながら贅沢《ぜいたく》だと思う。

「旅行はお金がかかるでしょう」

と、よく言われる。もちろん金はかかる。けれども、ひとが思うほどにはかからない。最近は運賃が急速に上がったので、そのほうの出費がかさむようになったが、それでも一人旅だし、まだなんとかなる。むしろ旅行で金がかかるのは宿泊費や買物である。そちらを節約すれば、まだ大丈夫だ。ビジネスホテルか温泉旅館かでもずいぶんとちがう。

それでも、ひと月に四回も出かけては大変だから、節約旅行である。一回目は東海地方の日帰り、二回目は前夜発の宮城県日帰り、三回目は鳥取で一泊しているが、四回目はまた前夜発の山形県新潟県日帰り、となっている。四回出かけて旅館に泊まったのは一回だけなのである。

一回目は五月二日で、東京発6時04分の「こだま」の始発で出かけ、東海地方の五本の盲腸線に乗った。清水港《しみずこう》線、岡崎からの岡多《おかた》線、大府《おおぶ》からの武豊《たけとよ》線、大垣からの樽見《たるみ》線と、おなじく大垣から美濃赤坂までの東海道本線の枝線の五本である。

二回目は五月七日で、上野発23時41分の寝台急行「新星」仙台行に乗った。

この日は金曜日であったが、汽車に乗りに行くつもりはなかった。ところが会社で残業しているうちにどこかへ行きたくなった。はじめは、残った仕事を家へ持ち帰って休日にやろうかと考えていたのだが、いっそ頑張って今日中に片付け、夜行に乗るほうがいいなと思いだした。わずかな仕事でも家へ持ち帰ると、だらだらとやって二日の休みをつぶしてしまうことが多い。しかし先に楽しみがあると仕事ははかどる。宿題を済ませたらどこかに連れて行ってやるぞ、と言うと子供が急に机にかじりつくようなものである。

金曜日の夜行の指定券は閑散期でも入手しにくい。しかし「新星」はよほどのことがないかぎり満員にはならない。上野から仙台までは昼間の特急なら四時間しかかからないから、夜行で行く客は少ないのであろう。

翌朝6時01分に仙台に着いた。寝台車から手ぶらで降りる客はいないようであった。

仙台から鈍行で東北本線を少し戻り、槻木《つきのき》から丸森《まるもり》線に入った。この線にはまだ乗ったことがなかった。未乗区間に乗り入れる瞬間はいいものである。ディーゼルカーがぶるんぶるんとエンジンを震わせて発進すると、こちらまで身震いがする。

丸森まで往復してから仙台に引き返し、仙石《せんせき》線で石巻へ、さらに石巻線で終点の女《おな》川《がわ》まで行く。石巻から女川までの間には万石浦《まんごくうら》という湖のように静かな入江があって、列車はその湾岸をのんびり走る。カキ殻があちこちに積んである。人間はこんなにもカキを食ったのかと思うほど堆《うずたか》く、五月晴れの強い陽光を照り返して眩《まぶ》しい。

12時13分、女川に着く。女川は金華山観光の入口で、船が出ている。しかし私は12時35分発で折り返し、こんどは石巻を素通りして前谷地《まえやち》まで行く。ここから柳津《やないづ》線という一七・五キロの支線が北上川に沿って北へ延びている。柳津線はその後延長されて気仙沼《けせんぬま》線となったが、当時は柳津が終着駅であった。

仙台平野の中心はこの前谷地付近である。ちょうど「ささにしき」の田植の季節で、田植機が活躍していた。農業の機械化のなかで田植機だけは至難の業とされていたという。しかし、とうとう実用化してしまった。長さ八〇センチ、幅四〇センチぐらいのミニ苗床を耕耘機《こううんき》のようなものにセットし、田んぼのなかを押して行くと、ぽっくりぽっくりと苗が差しこまれていく。大変な機械である。どういう仕掛けになっているのか車窓からではわからないが、駅のすぐそばでやっているときなど、もっと停車していてほしいと思うほどおもしろい。

柳津を往復してから小牛田《こごた》に出て、仙台に戻ったのは17時11分であった。

仙台では改札口の外へも出ず、17時20分発の特急「ひばり」に乗った。吾妻《あづま》山の向うに日が落ち、郡山を過ぎると暗くなってきたので食堂車へ行った。食堂車は混《こ》んでいて、席のあくのを待つ客が幾組かいたが、私は一人だからすぐ坐れた。隣の窓際の席には、あまり柄のよくないおっさんがいて、チーズ・クラッカーをつまみにしてウイスキーの水割りをのんでいる。もう何杯ものんだらしく、ご機嫌である。私はビールと簡単な料理を注文した。

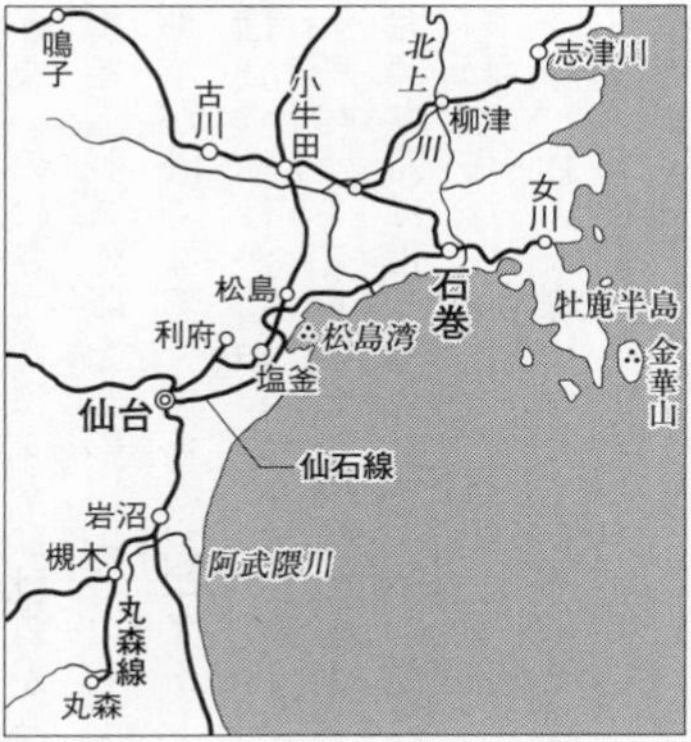

混んでいるので料理はなかなか運ばれてこない。しかし食堂車だから急いで食べる必要もない。通過駅の灯が後ろへ飛んで行くのを眺め、揺られながらビールをのむのはいいものである。

そのうち、隣のおっさんのグラスの不思議に気がついた。おかわりの注文をしないのに、グラスのウイスキーが減らないのである。減らないどころか、のんでいるのに増えるのである。魔法のコップのようだが、おっさんの股《また》の下の床に角瓶《かくびん》が一本置いてある。テーブルの上に置かないのはさすがに気がひけるからだろう。ときどき股の間に手を差し入れては、ウエイトレスの眼をしのぶようにして、素早くグラスに注ぐ。だんだんグラスのウイスキーが濃くなる。するとウエイトレスに水を持って来させる。こんな客にねばられては食堂車はかなわない。

そのうちにウエイトレスも気がついて、水を注文しても、もうだめです、と言う。おっさんは舌うちをして、私の前にあるコップの水を眺めている。隣に並んでいるからわからないが、その気配である。私はビールをのんでいるから水には手をつけていない。仕方がないから、どうぞと言って私はコップを押しやった。

おっさんは喜んでコップの水を半分ほど自分のグラスに移すと、半分空になった私のコップにどぶどぶっとウイスキーを注ぎ、まあのみましょうや、と私に差し出した。やれやれと思ったが無下に断れば相手は酔っぱらいだし、険悪になりかねない。注文した料理がまだ来ないので逃げ出すわけにもいかない。私はみじめな思いで口をつけた。空き腹にビールとウイスキーを混ぜたので、たちまち回ってきた。

三回目は五月一五日、東京発20時24分の新幹線で出かけ、名古屋から電車寝台特急「金星」に乗り継いで翌朝5時49分、広島に着いた。

広島からは芸備《げいび》線で三次《みよし》に入り、さらに三江《さんこう》線で江川《ごうがわ》の上流可愛川《えのかわ》に沿って口羽《くちば》に向かう。

空は青いが川面には淡く靄《もや》がただよい、嵐気《らんき》が山峡を包んでいる。きのうの夕方はあの慌しい東京にいたのに、一夜明ければこの別世界である。飛行機を常用している人から見れば、そんなことは日常茶飯のことであろうが、私は夜行列車に乗るたびにそれを感じる。大げさに言うと魔法にかかったような気さえすることがある。

それにしても、年月の経つのは早いと思う。可愛川を眺めているとそう思う。三次―口羽間に乗るのは今日が二度目で、五年ぶりなのであるが、とても五年経ったとは思われない。つい去年のことのように記憶が新しい。

旅行をしていて何年ぶりかに同じところへ来ると、いつも時の経過の早さが身に沁《し》みる。街の場合はそれほどでもないが、相手が山や川だと時のスケールがちがうせいか、こちら側の時間が短絡する。五年前の自分の周辺をいやでも振り返らされる。下の娘は生まれたばかりだったなと、匍《は》いまわる姿を思い出したりする。死んだ人たちのことも思い出す。そして、この五年間、あくせくと過ごしたものだと思う。できることなら、五年前に戻ってもう一度やりなおしたい、などと夢想する。しかし、可愛川はわれ関せずと、萌《も》え立つような新緑の山峡に緑がかった水をたっぷりとたたえて、悠々と流れている。

五年前に来たときは、三江線は全通していなかった。三好から口羽までの三江南線と、浜原から江津《ごうつ》までの三江北線とに分かれていた。だから前回は口羽で引き返し、三次からバスで浜原に出て北線に乗った。

当時、この沿線は至るところに「三江線を全通させよう」との看板が立てられ、口羽駅には「三江線速報」という壁新聞が貼《は》られていて、今年度の修正予算案に三江線建設費として何億何千万円を盛りこむよう努力している、といった地元代議士の談話が載っていたりした。

しかし私は、三江線の全通などいつのことかわからないと思っていた。国鉄の建設予定線は全国に五〇線区以上あり、そのほとんどが開通しても赤字必至という線である。しかも、すでに新線建設よりも既存のローカル赤字線の存廃が問題になる段階に入っていたから、地元の人にはお気の毒だが、ご存命中に口羽—浜原間を走る列車を見られますかな、と思いながら立看板を眺め、速報を読んだ。

ところが、それから四年後の昭和五〇年八月に三江線が全通した。だから私は、またこうやって乗りに来なければならなくなったのである。

一般に開通予定が私などの耳に入ってくるのは、せいぜい半年前ぐらいである。工事の進捗《しんちょく》状況については鉄道関係の雑誌や新聞に載るのでわかるのだが、実際に列車

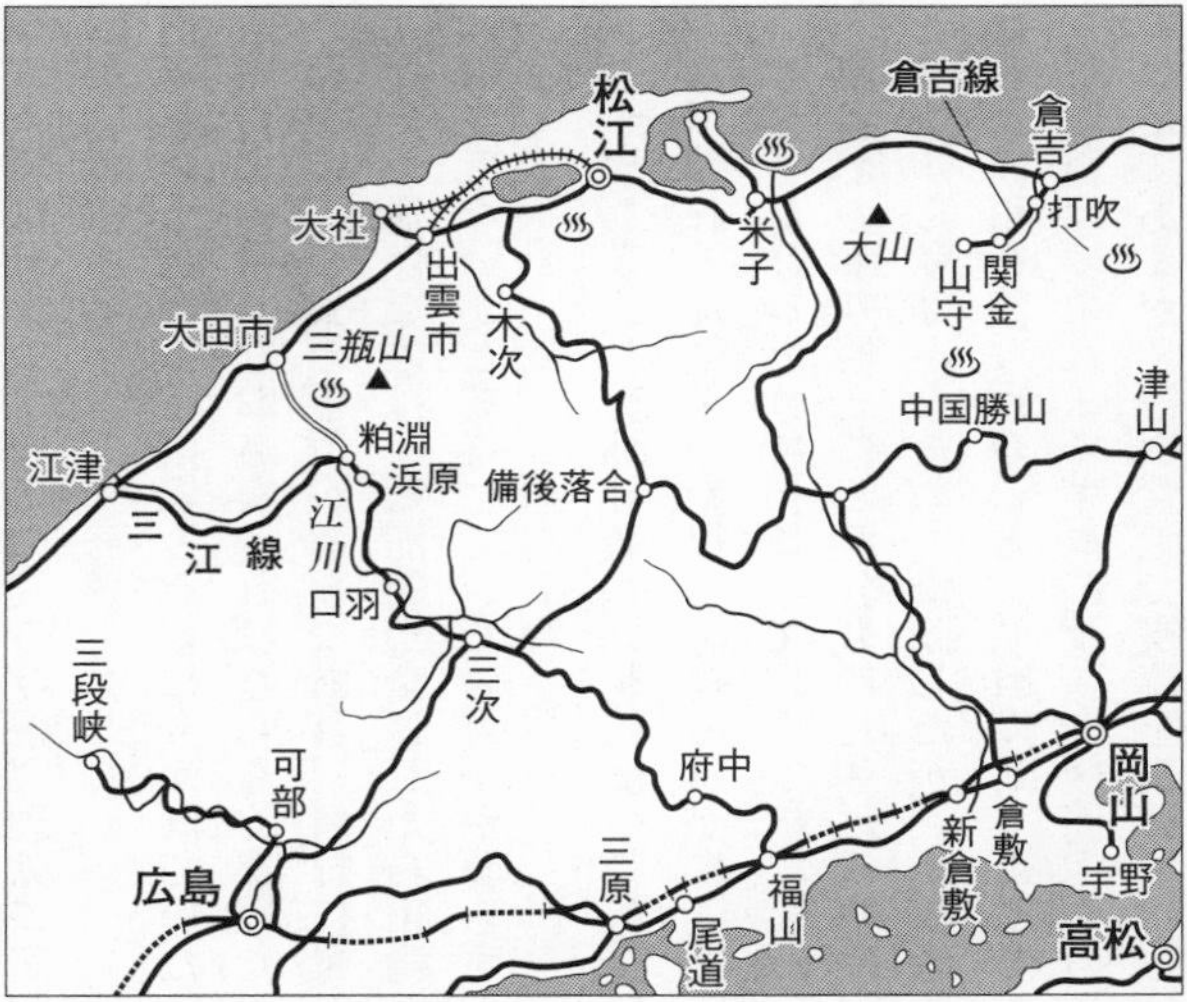

が走るかどうかはわからないのである。

工事をしていればやがてそれが稼《か》動《どう》する日が来る、と考えるのが世間の常識である。建築中の家があればやがて人が住むに決まっている。ところが国鉄の新線建設の場合はそうではない。道床《どうしょう》が完成しても草ぼうぼうで放置する。せっかく敷かれた線路が錆《さ》びついても平気だ。「開通」しているのに「開業」しない線区もある。運輸大臣の認可がいつおりるかは、総論賛成の赤字線問題と各論反対の地元政治がからんでいるから虚々実々で、わからない。もちろんわかる人にはわかっているのだろうが、国鉄に訊《たず》ねても決定したこと以外は教えてくれない。

そういう次第で、南線と北線に分かれていたころ手間ひまかけて乗った三江線に、あらためて乗りなおさなければならなくなったのだが、かならずしも迷惑というわけではない。過去の事情がどうであれ、新線に乗るのは心躍ることである。

ただ、遺憾なのは、三江線が全通したら山陽と山陰を結ぶ直通急行が一本くらい走るのではないかと期待していたのもかかわらず、いっこうにその気配のないことであった。

それどころか、直通列車は一本もなく、かならず口羽で乗り換えるダイヤになっている。これでは従来の南線と北線のほかに「三江中線」が加わったにすぎないではないか、と私はひとりで憤慨していた。

口羽での乗り換えに四四分も待たされるので、駅前の雑貨店でパンと牛乳の朝食をとりながら私はあらためて憤慨したが、新線区間に入って、いきなり高い鉄橋で水量豊かな江川を渡りかかると、晴れ晴れした気分になってきた。

三江線は一〇八・一キロに及ぶ全区間、この江川に沿っている。江川は中国地方第一の川であるが、三次盆地で支流を集めてからは、河口の江津まで山間《やまあい》ばかりを流れる。下流に平野をつくらず、耕地を灌漑《かんがい》せずに海に流れ出るので「無能川」と呼ばれるけれど、つねに両側の山が迫っているので河原が広過ぎず、水が厚くたっぷりしている。熊野川によく似ている。車窓から眺められる川のなかでは、北海道の天塩《てしお》川、四国の四万十《しまんと》川とこの江川がいい。何々峡という名勝地がなく、悠々おっとりしているのもよい。

新線区間を乗り終え、11時06分着の粕淵《かすぶち》で下車する。このまま江川といっしょに江津まで下りたいが、このあと米子《よなご》の先の倉吉線に乗るので、粕淵からバスで山陰本線の大田市《おおだし》へ抜けることにする。このほうが近道なのである。

粕淵は、こだわるようだが、もし三江線に急行が走ればかならず停車するはずの駅で、大山隠岐《だいせんおき》国立公園に含まれる三瓶山《さんべさん》への入口になっている。五年前に来たときは、ここで手打ちそばを食べたが、色の黒いうまいそばであった。江川を見下ろす高い段丘の上には、旧家を改造したような立派な旅館もあり、一度泊まってみたいところである。

国鉄バスは、斎藤茂吉の「人麿《ひとまろ》がついの命を終りたる鴨山《かもやま》をしもここと定めむ」の歌碑のある湯抱《ゆがかえ》温泉口を過ぎ、三瓶山の西側を巻いて、赤茶色の石州瓦の家並がつづく大田の街に入った。

大田は山陰道の宿場町で、近くに「石見《いわみ》銀山」として知られる大森銀山があり、全盛期の寛永年間には殷賑《いんしん》な町であったという。

蒸気機関車の似合いそうな煤《すす》けた大田市駅から、クリームと赤に塗り分けた特急「おき1号」で一気に終着の米子まで行く。ここでディーゼル機関車に牽《ひ》かれた鈍行の客車列車に乗り継ぎ、右に大山、左に伯耆《ほうき》の海を眺めながら、のんびり倉吉に向かった。

同じ線でも、特急から鈍行、とくに機関車牽引《けんいん》の旧式客車列車に乗り換えると、沿線の印象まで変る。小さな駅に停まってシーンと静まると、幹線でもローカル線のような味わいがでてくる。

倉吉着16時04分。倉吉線の山守《やまもり》行は16時07分発で、接続がよい。

倉吉線は倉吉—山守間二〇・〇キロの線である。山守から先は蒜山《ひるぜん》の犬挟峠《いぬばさり》を越えて姫新《きしん》線の中国勝山に達する四三キロが建設予定線となっていて、開通すれば風光絶佳の山岳線となるはずだが、昭和五三年度末現在の工事進捗率は〇パーセント、全通見込みのまったくない短い盲腸線である。

しかも、倉吉からわずか四・二キロ、八分走ると倉吉市の中心打吹《うつぶき》に着き、乗客の大半が下車してしまう。閑散となった三両のディーゼルカーは、天神川に沿う狭い耕地を上り、温泉のある関金《せきがね》で数人の客を降ろすと、あとは一両に一人か二人しか残らない。

関金のつぎが泰久寺《たいきゆうじ》という無人駅で、そこを過ぎて山裾をわずかばかり上がると、ディーゼルカーは気が抜けたように速度を落とし、明るく開けた畑のなかに停まる。遠く近くに農家が点在するだけで、あたりは何もない。畑のなかに臨時停車したような感じだが、そこが終点の山守であった。

二両分の片面ホームはあるが、無人駅だから駅舎はなく、待合所があるだけで、駅前には雑貨店ひとつない。

終着駅で、これほど何もないところは、北海道の白糠《しらぬか》線の北進《ほくしん》ぐらいだろう。

三、四人の客が畑に散ってしまうと、上り列車に乗る客は一人もなく、運転士と車掌と私の三人だけが発車時刻までホームの上で日向《ひなた》ぼっこをすることになった。五月の夕方だから爽やかである。

周遊券を持っているので、切符を買う必要はないのだが、私はつぎの泰久寺までの乗車券をつくってくれるよう車掌に頼んだ。山守まで来たという記念物が欲しくなったからである。

「そんなら買わんとも」

と車掌は言った。そしてポケットから三枚の切符をとりだした。いずれも無人駅で下車した客から回収した硬券である。これをあげるからわざわざ金を出して無駄な乗車券など買うな、という厚意であり教誡《きょうかい》でもあるけれど、これでは山守まで来たしるしにはならない。やはりつくってほしい、と頼むと、車掌は車内補充乗車券の束をとりだして、「いちばん安いのにしましょう」と言いながら、発駅、着駅、日付、運賃などの欄に鋏《はさみ》で穴を開け、それといっしょに、これもどうぞと三枚の硬券を私にくれた。

この列車の折り返しは途中の西倉吉止まりであった。倉吉までの客は乗り換えとなるので西倉吉のホームに降りると、さっきの車掌が近づいてきて、

「もっと切符欲しいですか」

と言う。

「まあ、もう……」

と私が生返事をしていると、車掌は、

「あそこへ行けばいくらでもあるんですが」

と駅舎の方を指さした。

6月　水蒸気と陸中鵜《う》ノ巣《す》断崖《だんがい》

昭和五三年一〇月の国鉄のダイヤ改正は劃期《かっき》的なものであった。

けれどもそれは、時刻表ファンにとって、淋しい「劃期的」であった。

百年を越える日本の鉄道史は、戦時中を除けば進歩の歴史であった。列車ダイヤの面では増発とスピード・アップの歴史であった。

ところが、五三年一〇月の大改正で、東北本線と高崎線の特急のスピードが下げられた。たとえば、上野─仙台間を三時間五八分で走っていた「ひばり」が四時間一五分になった。新潟行の「とき」、長野行の「あさま」なども、一五分ないし二〇分遅くなった。

東北本線と高崎線の特急がスローダウンの憂目に遭ったのは、車両や線路の老朽化によるのではない。一時間に三往復であった特急を四往復にするための措置なのである。

一本の線路にたくさんの列車を走らそうとする場合、速いのや遅いのが混じり合っては具合いがわるい。前や後ろがつかえないよう全列車の速度を一定にすれば、運転間隔二分まで詰め込むことができる。近郊私鉄のラッシュ時の急行がノロノロ運転をして通勤客をイライラさせるのも、運転間隔を狭めるために各駅停車並みの速度に落としているからである。これをスジ屋さんたちは「並行ダイヤ」と呼んでいる。昨年一〇月のダイヤ改正における特急のスローダウンは、増発のためにダイヤを並行化した結果であった。

特急増発のための措置であるから、いちがいに淋しがることもないが、従来の列車ダイヤの考え方からすれば、特急のスローダウンなど及びもつかないことであった。やはり高度成長時代から減速時代への風潮が反映しているのであろう。「そんなに急いでどこへ行く」には共感するし、東北本線の特急は乗っていてもスピード出し過ぎの感があり、食堂車でビールを注ぐのにも難渋するほどだったから、一五分ぐらいの減速は適切かもしれない。けれども、時刻表の愛読者としては淋しさを禁じえないのである。

それと、もうひとつ五三年一〇月の改正で劃期的だったのは、同じく東北本線に線路保守の時間帯が挿入《そうにゅう》されたことだ。

線路保守、つまり保線作業のうちレール取り替えなど時間を要する工事は夜中におこなうのが、ながいあいだの慣習であった。終列車と始発列車の間の三、四時間は列車が走らないので、その間を利用するものと決まっていた。

ところが、深夜作業ばかりでは保線要員を確保しにくくなってきた。夜中はいやだ、という声が強くなった。うるさくて眠れない、という沿線住民の苦情も多くなった。

時刻表の東北本線の欄を開いて、下りの大宮発の列車時刻を見ていくと、11時25分に特急「ひばり9号」が発車したあとは12時20分発の宇都宮行鈍行まで定期列車は一本もなく、ぽっかりと空いている。この約一時間が線路保守のため新たに設けられた空白の時間帯である。大宮発12時02分の鈍行が間にはさまっているが、「土曜、休日運転」と注記してあるから、土曜と日曜は保線工事も休みになるのだろう。

上り線にも同様の線路保守時間がある。宇都宮発の特急「ひばり4号」のあとが一時間ほど空白になっている。ここにも土曜日曜のみ運転の鈍行が一本挿入されているが、このように平日の東北本線は上下線とも一時間運休するから、「運転再開」後の始発列車に乗ると混雑するにちがいない。

幹線で一時間もの線路保守時間帯を設けたのは東北本線だけであろうが、最近の時刻表には、それらしい空白が散見するようになった。

たとえば、中央本線の名古屋発11時25分と11時50分の二本の鈍行電車が「水・木曜運休」となっている。行楽用列車の「休日運転」、通勤電車の「休日運休」はいくらでもあり、最近は週休二日制の普及を反映して夜行列車に「金曜運転」というのも現われてきたが、「水・木運休」とは珍しい。これは紛れもなく線路保守のための運休である。週のうちでもっとも旅客の少ないのは水曜日であり、レール取り替え工事などで新幹線が半日運休するのも水曜日である。「水・木運休」となっていることから察すると、水曜のつぎに客が少ないのは火曜ではなく木曜なのだろうか。

このように、最近の時刻表には、ふっと隙間風が通るような淋しさが漂ってきた。東北本線、高崎線の特急のスローダウンはその際立った例であろう。

そういう淋しい気分を一層助長させるのが六月号の時刻表である。

なにしろ六月は二月と並ぶ旅の閑散期だ。閑散期は他にもいろいろあり、一二月や一月もそうだが、ここには年末年始という超多客期が数日ずつ食い込んでいるので、時刻表の誌面は臨時列車で賑《にぎ》やかである。一カ月まるまる閑散期、というのは二月と六月しかない。

臨時列車のない六月号の時刻表は閑散としている。わずかに毎週金曜日に運転される上野発21時53分の臨時急行「尾瀬1号」沼田行と、同じく金曜日の仙台発21時00分の「尾瀬フラワー号」会津田島行あたりが気を吐いているに過ぎない。尾瀬の水芭蕉《みずばしょう》は六月に咲くからである。

余談だが、この「尾瀬フラワー号」の会津若松着は1時24分、発が4時15分となっている。会津田島へ早く着き過ぎないために時間をつぶしているのだろうが、停車時間二時間五一分とは気宇壮大だ。ちょうど新幹線「ひかり」の東京―京都間の所要時間と一致している。国鉄の全旅客列車中、停車時間の長さにおいてこれが抜群の第一位で、定期列車の第一位である日豊本線の上り532列車の宮崎での一時間一九分停車を大きく引き離している。

それにしても、どうして旅行者は六月を忌み嫌うのだろう、と思う。じめじめした梅雨、雨具の用意、たしかに旅行向きではない。

しかし、長所も意外に多い。列挙してみると、

一、交通機関や旅館が空いている。したがってサービスもよい。

二、昼が長い。

ここまでは物理的な特色だから誰も異論はないだろう。私はこの二つの理由だけで

旅行にふさわしい月だと思っている。もっとも私のは雨が降っても傘のいらない鉄道旅行だが。

なお挙げると、

三、花の季節である。あやめ、しょうぶ、水芭蕉、あじさい、などが咲く。北海道の原生花園は六月から七月が最盛期である。花ではないが苔《こけ》は梅雨時がいちばんきれいだ。私はわざわざ花見などに行ったことのない乾燥人間で、だから汽車の時刻表などを愛玩《あいがん》するのだろうが、車窓に花が見えればわるい気はしない。

だんだん怪しくなるが、

四、風景に情緒がある。日本の風景の主役は、つきつめれば水蒸気ではなかろうか。谷から湧《わ》き上がる朝もや、農家の屋根にたなびく夕もや、新緑の山肌を霞《かす》ませる霧雨。雪舟から東山魁夷《かいい》にいたる日本の風景画家が、好んで描いたのは水蒸気ではなかったか。絵葉書がつまらないのは快晴の日に撮影するからではないか。「奥の細道」のなかで、ひときわ旅情の深いのは平泉から象潟《きさかた》あたりにかけてであろうが、この区間を芭蕉が歩いたのは正に梅雨の季節であった。

もう一つ、これは長所ではないが、あえて挙げると、

五、思ったほど天気がわるくない。過去三〇年間の気象庁の資料によると、六月の

平均的天候は、関東地方で晴七日、曇一二日、雨一一日となっている。参考までに五月を見ると、晴一二日、曇九日、雨一〇日、七月は、晴一〇日、曇一一日、雨一〇日である。梅雨は一日じゅうシトシト降るから、降雨時間で表わせば日計の数字より差は出てくるだろうが、それにしても、この数字で見るかぎり旅心を押さえこむほど六月の天気が際立ってわるいわけではない。晴れの日の少ないことはたしかだが、雨はそれほどでもない。春から夏にかけては、どの月に旅行に出かけても三日に一日は雨に降られる。

そういうわけで、私は六月を主要な旅行月にしている。主要な、と言うのは北海道へ行くのに最適の月だからである。

汽車の窓から外を眺めるのを旅行目的とする私にとって、昼の長いことは何より有難い。とくに六月の北海道は日が長い。道北まで行けば三時過ぎには明るくなる。これは少々早過ぎるが、とにかく日が長い。

しかも北海道には梅雨がない。モンスーン地帯の北限は津軽海峡あたりだから、それより北は梅雨前線の圏外になるのだそうだ。もっとも、何年かに一度は「えぞ梅雨」の訪れることがあり、最近では昭和五〇年がそうであった。このときだけは雨に降られたが、それ以外はすべて爽やかであった。北海道旅行は六月と九月がいちばんよい、とされるのも頷《うなず》けた。

昭和五一年のことである。例によって六月の北海道行を企図していたところ、会社の友人が二人、私の話に刺戟《しげき》されたのか、いっしょに行こうと言いだした。その年の三月、四国旅行に同行した二人である。

四国では強行軍であちこち引っ張り回したから、もうこりごりだろうと思っていたが、そうでもなかったらしい。そうか、と私は思った。わるい気はしなかった。

しかし私は六月の北海道を存分に乗り回るつもりだった。北海道には乗ったことのないローカル線が一四本も残っている。金曜日の夜から出かけ、月曜と火曜は会社を休んで、できることなら一四線区の全部に乗り、北海道の国鉄全線完乗を果たしてしまいたいと考えていた。

北海道は広く、列車の運転本数は少ない。オホーツク海岸の湧別《ゆうべつ》—中湧別間のごときは一日二往復しかない。乗車時間、待ち時間ともに長くなる。北海道全域に散在する未乗の一四線区を四日間で乗り終えるためには、始発列車で出発して日没まで乗りつづけたり、何もない駅で二時間待ったりというスケジュールになる。お二人の申し出は有難く嬉しいが、かといって、こんな正気の沙汰でない「旅行」に、とても同行願えるものではない。

「こんどは四国のときと違って、もう無茶苦茶ですよ」

と私は言った。

「青森までいっしょに行きましょう。北海道まで行ったのでは会社を休まなければならないし」

と一人が言った。しかし、青森は夜行で行けば朝着いてしまう。じゃあ、と言って私は連絡船に乗る。それではいかにも呆気《あっけ》ない。第一、そのあと二人はどうするつもりなのだろう。すぐ引き返せば夕方には上野に着く。土曜日に東京に戻ってもしようがないだろうし、せっかく青森まで行って、そんな戻り方をするはずもない。どこかへ行って泊まって、楽しくやって、日曜日に東京へ帰るつもりだろう。二人でどこへ行くのか気になる。

「青森からどうするつもりですかな」

と私は訊《たず》ねた。

「とくにこれという当てはないのですが」

と一人が言う。

「それじゃあ、いっしょに北海道へ渡って旭川まで行きましょう。旭川で一晩泊まって朝の汽車に乗れば、月曜の朝早く上野に着く。それがいい」

と私は提案した。

「それは面白そうだ」

と一人が言った。

「いや、旭川まで行ったらすぐ引き返すのが惜しくなる。私は青森までで帰る」

と、もう一人が言った。

岩手県の陸中海岸に、私の乗ったことのないローカル線が三本残っていた。私はそのうちの宮古《みやこ》線と久慈《くじ》線に乗ってから北海道へ渡ることにした。回り道した分だけ北海道の日程は削られるが、両線ともいずれは乗らねばならぬ線であった。二人とも異存はなかった。

北海道周遊券の私と、東北周遊券の二人とは、六月一八日、金曜日の上野発20時50分の急行「十和田2号」の寝台車に乗った。

花巻着5時19分。六月だからすでに明るい。6時03分発の急行「はやちね1号」で釜石へ向う。「はやちね」とは北上山地の最高峰、早池峰山《はやちねさん》のことである。

北上山地の山並みは平凡だ。とりとめのないところを、列車は地形のまにまに左右にカーブしながら走るだけで、とくに見るべきものもない。二人は眠そうな眼で窓外を眺めている。

「いまはつまらないけれど、だんだん面白くなる」

と私は言った。

「いや、いいですよ。のんびりしていいですよ」

と一人が言った。

上り勾配《こうばい》にかかると、眼に見えて速度が落ち、列車はエンジンを唸《うな》らせながら登る。

「なんだかブルンブルンいいますな」

「ディーゼルカーですからね」

「ああそうか。電車にしては変だと思った」

車掌が、まもなく遠野です、と放送する。

「遠野って、柳田国男の遠野物語の？」

と一人が訊ねる。その通りなのだが、残念ながらオシラサマの面影を偲《しの》べるものは車窓にない。せめて南部の曲り屋でも見つけようと眼をこらしたが、それらしい家もなく、やがて遠野に着いた。駅付近には新しいビルが多い。家々の窓もスチールサッシで、ごく普通の地方小都市である。

「遠野って、こんな所ですか」

「すいませんなあ」

ディーゼルカーは急勾配にかかる。太平洋側との分水界で、北上山地のなかでは比較的嶮《けわ》しいところである。

峠のトンネルを抜けると、線路は深く切れこんだ谷の中腹に出る。脚下の谷底に陸中大橋駅が見え、列車はヘアピンカーブで一八〇度も向きをかえながら下って行く。ループ線ではないが、それによく似た眺めが展開するので、釜石線ではここがいちばん面白いと私は思っている。もちろん二人にも見せたい。

あいにく一人は窓に頭をもたれて、気持よさそうに居眠りをしている。この人はよく眠る人である。夜になると元気になるが、昼間はよく眠る。四国へ行ったときも、土讃本線の景色のよいところで眠っていた。

「起こすかな」と私は言った。

「可哀そうだからこのままにしときましょう」と、もう一人が言った。

二人で席を移し、窓を開けて「絶景」を眺めた。窓の下は高い崖《がけ》で、桟《かけはし》のような鉄橋を渡るときはなかなかスリルがあり、陸中大橋の駅舎やホームが模型のように小さく見えた。

席に戻ってくると、眠っていた人が、とろりと半眼を開いた。

「なにか見えましたか？」

「真下に駅が見えた」

「そうですか」

と、また眼をつぶった。


製鉄所のなかへ突っこむようにして列車は停車した。定刻7時44分、釜石である。釜石では駅弁を買う予定になっている。時刻表の欄外に「釜石・宮古―あわびめし」とあるので、それにしようと意見が一致していた。

ところが駅弁売りがいない。あわびめしどころではない、朝めしを食べ損ないそうである。私は朝食抜きでも大丈夫だし、よく眠る人もそうらしいが、あいにく、もう一人は食欲の旺盛《おうせい》な人である。いつだったか、中華バイキングへ皆といっしょに行ったときのことである。ひと通り食べ散らして満腹し、食後の烏竜茶《ウーロン》を飲んでいると、この人だけが席を立って小皿に饅頭《まんじゆう》を二つ載せて戻ってきた。すごい食欲だと一同感心していると、氏は言った。

「じつは、ここへ来るまえ、あんまり腹がすいたので、立食いソバを食べてきたんです」

そういう人だから、釜石で駅弁が買えなくては大変だ。思いなしか悲しげな顔をしている。

私は駅員に、駅弁売りはいないのか、と訊ねた。すると、あそこにいる、と言う。なるほどそれらしい人がホームに立っている。しかし手ぶらである。肩から何も掛けていないし、傍らの置台にも駅弁らしいものはない。変な駅弁売りである。

「弁当はないの？」

と私は訊ねた。

「何時の列車に乗るんですか」

「8時06分」

「それなら間に合うから詰めてきましょう。一つですか」

「三つ」

駅弁屋さんは急ぐ様子もなく、地下道を通って改札口を出て行ったが、まもなく毛布の包みを胸に抱いて戻ってきた。よかったよかった、と喜びながら受け取ろうとすると、

「熱いから気をつけてください」

と言う。ほかほかの幕の内であった。

釜石発8時06分の鈍行列車は、陸中の海を右窓にちらつかせながら走る。温かい駅弁でご機嫌になった二人は、きれいな海だ、ローカル線はいいなと、こもごも言う。

「鵜住居」という駅がある。ウノスマイと訓《よ》む。「吉里吉里」というのもある。これはキリキリである。
「面白い名前の駅が多いなあ」
と一人が嬉しそうに言う。どうやら私の病気が感染したらしい。いっしょに来てよかったな、と私は思った。さいわい今日は快晴だ。
宮古着9時39分。ここで宮

古線に乗り換える。宮古線は田老《たろう》までの一二・八キロ、昭和四七年二月に開通した新線である。田老から先も工事中で、やがては三陸縦貫線の一部となる予定だが、現在のところはごく短小な盲腸線に過ぎない。運転本数も少なく、一日四往復で、これから乗る10時00分発のつぎは15時10分までない。

だから、9時39分に着いて二一分の待ち合わせで宮古線に乗れるのは非常に恵まれたことなのである、という意味のことを私は得意になって説明し、ガラ空きの車内に入った。

最近の新線はトンネルが多い。掘さく技術が進歩したうえに用地買収という煩わしい問題を回避できるから、どんどん掘り抜いて建設する。宮古線もそうであった。トンネルばかりで面白くないが、未乗線区であるから乗らねばならない。一八分で田老に着き、五分停車して折り返し、10時40分、宮古に戻った。

宮古からは陸中海岸を見物しながら北上して普代《ふだい》に至り、16時40分発の久慈線に乗ることになっている。

まず、宮古の町はずれの浄土ヶ浜から観光船に乗った。

船着場の防波堤の上にウミネコの群れが待機しており、船が出ると一斉に飛び立ってついてくる。観光客から餌《えさ》をもらおうというのだから、ちょっと浅ましい連中だが、この観光船の売りものは景色よりウミネコである。百羽ぐらいいたろうか。

餌は船内で売っている黒い無骨なパンで、それをちぎって投げると、海面に達しないうちにパッと嘴《くちばし》で好捕する。ちぎっては投げ、ちぎっては投げしながら観察していると、やはりウミネコの世界にも図々《ずうずう》しいのとしとやかなのとがおり、パン切れキャッチの技術にも上手下手がある。ハンブルして海面に落っことす奴もいる。

餌にありつけないでいるおとなしそうなウミネコに向かって投げるのだが、池の鯉に麩《ふ》をやるのと同じで、どうしても積極性のある奴にとられてしまう。

厚かましいのになると、パンの塊を持った客を目がけて接近してくる。高崎山のサルのように餌をひったくったりはしないが、眼と鼻の先まで来ることがあるので、こちらが思わず顔をそむける。ウミネコの眼は青くてニヒルだ。気味がわるい。

ときどき横波を受けて船がどすんと傾く。太平洋だから静かではない。欄干の下にあった海面が横にせり上がってくる。眼の前にいたウミネコが頭上に消える。

一時間ほど揺られて真崎《まさき》に上陸した。

小さな船から陸に上がったときはいつもそうだが、大地とはしっかりしたものだと思う。踵《かかと》の感触がちがう。

「やっぱり、足元は揺れないほうがいいなあ」

と一人が言った。

ウミネコのつぎは断崖《だんがい》見物である。

陸中海岸の断崖では北山崎が有名で、郵便切手の図柄にもなった。誰もが訪れるから、大きな駐車場があり、小さな展望台もつくられている。以前ここへ来たときは朝早かったので、朝日が絶壁を赤く染めて、なかなか荘厳であった。

同行の二人はまだ行ったことがないので、もとより北山崎へご案内するが、そのまえに鵜《う》ノ巣《す》断崖に立ち寄ってみたい。これも北山崎と同じく二〇〇メートル級の絶壁がつづくのだが、全景を眺められる場所がないためか展望台などの観光施設がない。バスも行かないので、観光客の大半は素通りしてしまう。私も行ったことがない。

バスはないのでタクシーに乗る。「鵜ノ巣断崖入口」の標識に従って国道から右に折れると、砂利道になった。

車は広々とした平坦な野菜畑のなかを行く。このすぐ先にそんな大断崖があるとは信じられないような、平凡な田園である。

陸中海岸はリアス式の典型として知られる。しかし、陸の沈降による溺《おぼ》れ谷《だに》が複雑な海岸線を描くのは南部で、宮古から北は隆起海岸である。だから深い入江はなく、代りに隆起した高さだけ断崖になっている。

畑が尽きたところで車は止まった。前方に松林がある。何の変哲もない、どこの海岸にもある松林だ。あの先には砂浜があり夏は海水浴場だと言われれば、そうだろうと思いそうなところである。

人影のない松林に入る。前方が明るくなってくる。ふつうの海岸ならば、このあたりで浜に寄せる波の音が聞こえてくるはずだ。しかし風の音ばかりである。

松林の端を低い木の柵《さく》が取り巻いている。柵の外に出ると危険だとの注意書きがある。

立ち止まって柵から首を出すと、眼がくらむ。脚下二〇〇メートルに波が砕けている。

同行の一人は柵の外へ出る。よく眠るほうの人である。一歩足を踏みはずせば二度と会えないからハラハラする。腕をつかんで引き戻す。

もう一人のよく食べる人は高所恐怖症である。うしろのほうでカメラなど取り出していて、柵に近づこうとしない。これでは鵜ノ巣断崖に来た意味がない。もっとこっちへ、こっちへと促す。それでも動かないから背後へ回ってせきたてる。同行二人、私としてもなかなか忙しいのである。

7月　みどりの窓口とサロベツ原野

七月は、はっきり二つに分けられる。

前半は梅雨で旅行者は少なく、後半は夏空が広がって夏休みの多客期となる。「時刻表」を見ても、夏期の臨時列車は七月中旬から運転がはじまる。

時刻表ほど変りばえのしない月刊誌は他にあるまいと思われるが、七月号はなかなかに変化があって面白い。国鉄としても、書き入れ時であるから遊休車両まで動員して精一杯の増発をする。誌面が賑《にぎ》やかになる。房総各線のごときは七月一五日から夏ダイヤに組み替えられる。若狭《わかさ》の小浜《おばま》線は、大阪、京都、名古屋からの海水浴列車が続々と乱入してきて、ふだんの月とは見違えるような活況を呈する。表日本の海が汚れたので、日本海側でないと泳げないのであろう。

だから、夏に旅行する人は七月号の時刻表を買ったほうがよい。年間を通しての定期列車は、もちろん夏も運転されているけれど、客はどうしても定期列車に集中する。みんな月遅れの時刻表でスケジュールをたてているのではないかと思われるほど定期列車は混雑する。定期の特急「あさま5号」は通路までいっぱいなのに、臨時の「あさま51号」は立つ人がいなかったりする。臨時列車についての知識の有無によって、かなりの差が出てくる。

それに、時刻表には二カ月分の臨時列車が掲載されている。七月号を見れば八月の運転状況がわかるようになっているから、八月の月遅れ盆に帰省する客が指定券を買うにも便利である。

各列車の指定券の一部は一カ月前の午後二時から発売される。夏でいちばん列車が混雑するのは、言うまでもなく月遅れ盆の前後であって、そのあたりの金曜日の夜行と土曜日の午前がピークとなる。そういう日の定期列車の指定券は一カ月前の午後二時に「みどりの窓口」へ行っても、思うようには入手できない。

この場合、七月号の時刻表で臨時列車をしらべておくと、楽に入手できることが多い。

多客期の指定券の入手法には、いろいろなコツがある。ブルートレインに乗ろうなどと考えず、せめて坐れさえすればと臨時列車をねらうのが第一であろうが、窓口の選び方でもちがってくる。

国鉄の指定券は「マルス」を通じて販売される。マルスとはマグネティック・エレクトロニック・オートマティック・リザーベーション・システムの略称で、東京・国《くに》立《たち》の国鉄中央販売センターに中央装置があり、そこから全国の駅や交通公社などの「みどりの窓口」の端末装置へマイクロ回線でつながっている。端末装置は現在約二千台あるが、このようなシステムだから、どこで買おうと条件はおなじである。

そのかわり、便利で人気のある列車となると、一カ月前の午後二時、一週間前の午前一〇時の発売開始と同時に一斉に注文が殺到するから、たちまち売切れてしまう。だから一刻も早くマルスの端末装置のボタンを押したほうが勝ちとなる。

ところが、指定券を買う場合、なぜか大きな駅へ出かけて行く人が多い。東京を例にとれば上野、東京、新宿までわざわざ行く人が多い。大きな駅なら割当て枚数も多かろうと考えてのことかもしれないが、システムからみてそうではない。たしかに大きな駅ではマルスの台数が多いが、一台当りの客の行列は小さな駅よりも長い場合がしばしばで、むしろ不利である。マルスの設置されている駅は時刻表の線路図を見ればすぐわかる。手近な小駅を選んだほうがよいと思う。

それから、こまかい話になるけれど、マルスの端末装置にも性能のよい新型と、そうでない旧型とがあり、切符を打ち出すスピードがかなりちがう。行列の長い場合、この性能の差も無視できない。新型、旧型といっても二種類だけではなく、数種類あるが、大別すれば、穴のあいた金属製の板をパラパラめくって短いプラグを穴にさしこむのが新型である。これにもN型とHN型とがあって、HN型が断然早いのだが、ちょっと見分けにくい。いずれにせよ、黒い偏平な活字棒をハンコ屋のように積み上げた旧型の窓口は敬遠したほうがよいだろう。

もっとも、マルスの新旧よりも並んでいる客の種類を見分けるほうが、より有効かもしれない。概して若い男性はパッと注文して、無いとなるとサッと諦《あきら》める。それに反して、女性、とくにおばさんがいけない。窓口氏にいろいろ相談などもちかけるから、せっかくのマルスが遊んでしまう。

とにかく、夏休みに入ると、汽車は混雑するし、しかも暑いから、私のような一人でぶらりと汽車に乗りに出かけたい人間にとっては最悪の季節である。だから私の過去帳を見ても、七月半ばから八月にかけては、旅行らしい旅行はまったくしていない。

そのかわり、一カ月半の禁欲を強いられると思うからであろう、その直前、つまり六月末から七月前半にかけては、比較的ぜいたくな旅行をした年が多い。

そのなかで最低の出来だったのは昭和四九年の北海道行であった。

その年は仕事がたてこんでいて、正月休みに九州へ行った以外には碌《ろく》な旅行ができなかった。六月こそ北海道へと思っていたが、その六月も行けないまま七月に入ってしまった。もう後がないので、私は交通公社へ行った。七月五日金曜日の寝台券は全部満員であったが、札幌便の航空券が手に入った。当時は寝台券より航空券のほうが入手しやすかった。いまとは逆である。

夕方に羽田を発《た》って札幌から夜行列車に乗り継ぎ、翌朝眼を覚ますと道東や道北の原野を走っている、という演出は私の好きなものの一つである。東京の感触が払拭《ふっしょく》されないうちに寂寞《せきばく》としたさい果ての景観に接するから、旅に出た実感がひとしお強くなる。

そのときは、札幌発21時20分の急行「利尻《りしり》」で宗谷本線を北上し、夜明けのサロベツ原野や利尻富士を眺めながら南稚内《みなみわっかない》に着き、ここですれちがう上りの鈍行列車で折り返して、もう一度サロベツ原野を通って、幌延《ほろのべ》から羽幌《はぼろ》線に初乗りしようと計画していた。

羽幌線は幌延から留萌《るもい》まで日本海に沿って走る線で、一四一・一キロもあり、私の未乗線区のなかでも群を抜いて長大な線であった。その羽幌線にいよいよ乗れるぞ、と思うと心が躍った。

ところが、飛行機のなかで歯が痛くなってきた。ムシ歯を放置しておいたのがいけないのだが、選《よ》りに選ってこんなときに痛みはじめた。

飛行機のなかで痛くなったのは、大いに揺れたのが原因らしい。緊張のために血行がよくなり歯の神経を刺戟《しげき》したのであろう。風呂に入ったり酒をのんだりすると痛みはじめるのと同じ現象にちがいない。なにしろその日の札幌便はよく揺れたのである。だいたい、梅雨の末期には前線の活動が活発になって集中豪雨や雷雨など気象が荒っぽくなる。ちょうどその日に当ったらしい。しかも台風が西日本に接近していた。

歯が痛むと、私でも汽車に乗るより歯医者へ行きたくなる。札幌に着くと、店を閉めていた歯科のベルを押し、旅行者である旨を告げて応急処置をしてもらった。

「あすも来られますか」

と若い歯科医は言ってくれたが、歯の治療のために北海道へ来たのではないから、もう来られないと答え、保険証を持っていなかったので若干の治療代を支払った。

すぐには痛みが止まらなかったから、とても夜行列車に乗る気にはなれず、その晩は札幌駅に近いホテルに泊まった。

しかし、さすがに歯医者で、夜半には痛みがおさまった。そうなると勝手なもので、こんなホテルに泊まって時間と金の無駄遣いをしたことを悔いた。

私は時刻表を開いてスケジュールのたてなおしにかかった。予定していた計画がご破算になり、まったく白紙の状態で時刻表と取り組むのは、それはそれで楽しい。しかも鉄道網の中心の札幌にいるのだから、さまざまな計画がたてられる。羽幌線に乗るのが主目的ではあるが、その前に札幌発6時23分の札沼《さっしょう》線に乗るのも面白いぞと考えたりする。

いろいろ検討しているうちに空が白んできた。夏至を過ぎたばかりの北海道だから夜明けが早い。まだ三時半である。

けっきょく札幌発7時35分の旭川行急行「かむい1号」で出発し、深川から留萠本線、羽幌線、さらに幌延から宗谷本線で稚内まで行って泊まることに決めた。あたりはすっかり明るくなり、窓を開けると、池と木立に囲まれた北海道庁の旧庁舎の赤い煉瓦造りの落着いた建物が見下ろせた。私は窓のカーテンを閉め、しばらく眠ることにした。

眼を覚ますと、きっかり一〇時であった。どこかでチャイムでも鳴ったのかもしれない。いずれにせよ盛大な寝過ごしである。週末の金曜日、大いに揺れた飛行機、歯痛、しかも夜中に何時間も起きていたのだから、考えてみれば無理もない。しかし、せめてもう一〇分早く起きられなかったものか。九時五〇分であれば、札幌発10時15

分の急行「大雪2号」になんとか駆け込むことができ、深川からの留萠本線、羽幌線の接続もよく、予定より二時間半の遅れで稚内に着けるが、一〇時ちょうどの起床では、もう駄目である。

やむをえず私は、10時34分発の札沼線に乗ることにした。

札沼線は、札幌の隣駅の桑園《そうえん》から石狩川の西側を北上して新十津川に至る七六・五キロのローカル線であるが、列車はすべて札幌始発となっている。かつては新十津川が終点ではなく、さらに先へ延びて留萠本線の石狩沼田までつながっていたので、札

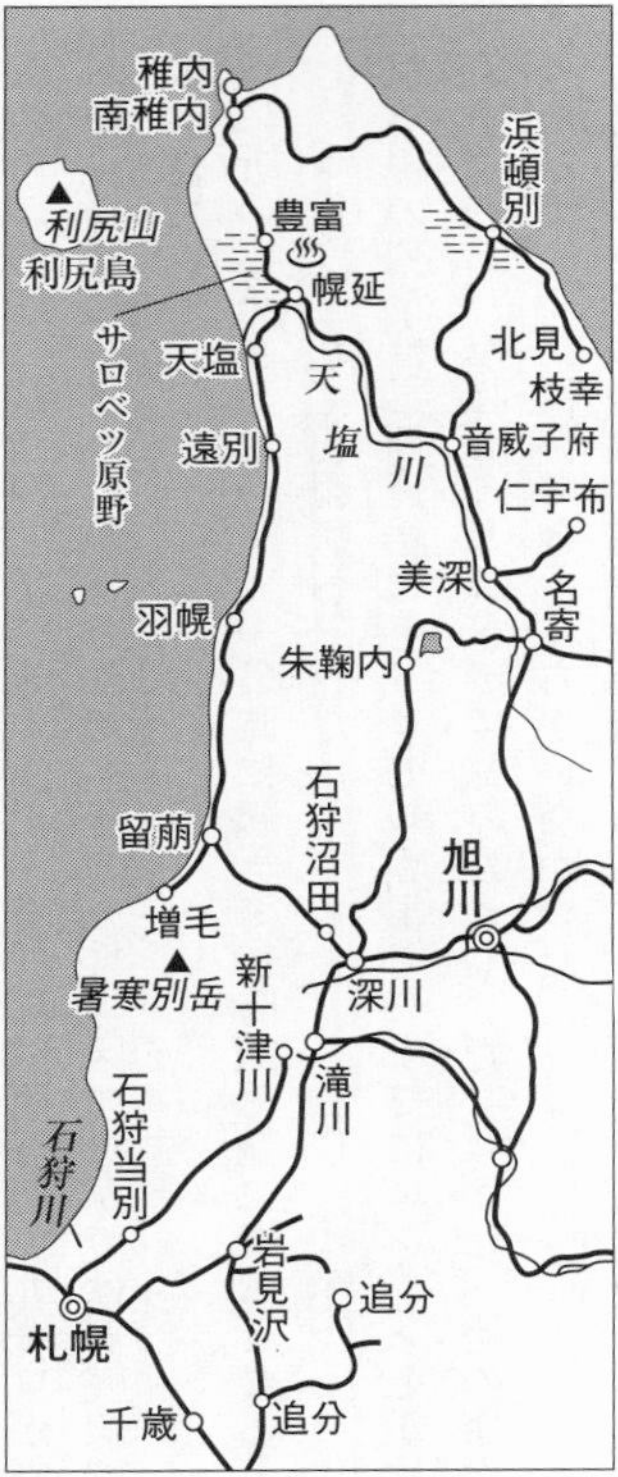

沼線の名がある。昭和四七年に新十津川―石狩沼田間三四・九キロが廃線となり、だいぶ短くなってしまったが、それでも私の未乗線区のなかでは羽幌線、士幌線に次いで長い線であった。

駅に近いホテルとはいえ、一〇時に起きて10時34分発に乗るとなると忙しい。私は慌しく身仕度をして札幌駅へ急いだ。

札沼線の列車は二両連結のディーゼルカーで、すでにエンジンをかけて唸《うな》っていた。それを見たら、私は8ミリカメラで撮りたくなった。しかし、鞄《かばん》のなかにカメラはなかった。ホテルに置いてきたにちがいなかった。

札沼線のつぎの列車は13時08分発である。私はホテルにとって返し、植物園を散歩したりして時間をつぶした。この有名な植物園に来たのははじめてであった。

その日は新十津川からバスで函館本線の滝川へ出、旭川に泊まることになった。あまりに実り少ない日なので、私は自分に腹を立て、旭川から富良野《ふらの》線に乗って富良野まで往復した。夕日を浴びた十勝岳が美しかったが、それでも腹の虫がおさまらなかったので、旭川に戻ってからスシ屋に入ったが、これがひどい店であった。

翌日の日曜日、ようやく羽幌線に乗った。深川から留萠を経て終点の幌延まで鈍行で五時間、三五の駅と一五の仮乗降場に停車したから、なかなか乗りでがあった。

その日は豊富《とよとみ》温泉で泊まることにし、サロベツ原野の原生花園へ行ってみた。エゾカンゾウなどの湿原植物がちょうど満開で、一面の花畑の向うに利尻富士が見えていた。私は女の子のように花園を彷徨《ほうこう》したが、湿地にズブリと足を踏みこんだので、靴の中にたっぷり水が入った。

豊富は日本最北の温泉である。閑散とした広い通りの両側に数軒の旅館がパラパラと並んでいて、西部劇のセットを連想させる。鄙《ひな》びた山の湯でもなければ、もとより歓楽郷でもなく、こんな温泉場は珍しい。湯は大正のはじめ、石油採掘の際に噴出したもので、灰黒色をしており、少し油の臭いがする。せっかくの温泉だから入ってみたが、気持のいい湯ではなかった。

湯から上ると、まだ六時なのに夕食の膳が置いてあった。毛ガニが一匹、膳の中央を占拠して眼玉を剝《む》いている。夏の西日がさしこんで、昼寝でもしたいようにけだるく、とても夕食の気分ではない。一人でカニと向い合っているのも気味がわるい。甲羅をはがしたり、足をむしったりする気になれない。私はカニには手をつけず、茶漬で軽く夕食をすますと外へ出た。

一本道をちょっと歩くと、すぐ家並が切れ、小さな川にコンクリートの橋がかかっていて、下エベコロベツ川と刻まれている。名前は北海道らしいが、ごく平凡な川である。とくに見るものとてないので宿に戻ると、西日のさす部屋に蒲団が敷かれていた。

夜半に眼を覚ますと、カーテンの上の方が薄明るい。空が白みはじめているのだ。時計を見るとまだ二時五〇分である。時計が止まったのかと思ったが、ちゃんと動いている。

もう眠れなくなって時刻表を開いたが、きょうの予定は確定しているので張合いがない。豊富発7時59分の急行「宗谷」で一気に函館に出、青森発23時35分の寝台電車特急「はくつる」で翌朝9時18分に上野に着いて、そのまま会社へ行くことになっているからだ。「はくつる」の寝台券は買っておいたし、火曜日の朝には出社せねばならないから、ただひと筋に東京を目差すほかはない。時刻表を開いても可能性を探る楽しみがないので時間をもてあまし、もう一度油臭い風呂に入った。

豊富から一一時間かかって北海道を縦断し、函館に着くと、青函連絡船が欠航だという。日本海へ抜けた台風が進路を東に変え、今夜津軽海峡付近を通過するのだそうだ。

駅付近の宿は満員であろうし、油臭くないきれいな湯に入りたかったので、その夜は函館郊外の湯ノ川温泉に泊まった。部屋も風呂も立派だったが、宿泊料はそれ以上であった。

七月の後半になると私は旅行を諦め、夏の雑踏が終るのを待つ。九月までの一カ月半が長く感じられる。

私といえども二カ月や三カ月、ときには半年ぐらい旅行に行かないこともある。けれども、それは結果であって、絶えず、来週はどこへ行こうか、あるいは、あしたの晩から出かけようかと考えているのである。そのほとんどは流れて、実際に出かけられるのは月一回程度になるのだが、そういうふうに常に眼の前に可能性がぶら下っていると、時刻表を見るにも張合いがあって楽しい。

ところが、今後一カ月半は駄目、と決ってしまうと禁錮《きんこ》刑《けい》のようでおもしろくない。

それでも稀《まれ》には、ちょっと出かける機会に恵まれることがある。昨年（昭和五三年）の七月がそうであった。

国鉄に鹿島線というのがある。成田線の香取《かとり》から分岐して北に向い、利根川を渡って潮来《いたこ》、さらに北浦を長い鉄橋で横断して鹿島神宮に達する一四・二キロの線区である。短い支線だが、長大な鉄橋を二本も架けた贅沢《ぜいたく》な線で、水郷の眺めを楽しむことができる。

この鹿島線に入る旅客列車は、すべて鹿島神宮止まりとなっているが、線路はさらに三・二キロ先の北鹿島まで通じている。北鹿島—鹿島神宮間は貨物列車専用で、鹿島臨海工業地帯から成田へ向う油送列車などが走っている。

私は国鉄の全線に乗ったと称する者であるけれど、それは旅客列車の走る区間のすべてに乗ったことがある、という意味であって、貨物専用の線区まで乗ったわけではない。私は貨物ではないし、貨物列車の運転士でも車掌でもないのだから、いたしかたないのだが、ここに鹿島臨海鉄道という私鉄があって、昨年の七月二五日から妙なことをはじめた。

鹿島臨海鉄道は、国鉄の貨物駅である北鹿島を起点とし、神栖《かみす》、鹿島港南《かしまこうなん》、知手《しって》を経て奥野谷浜《おくのやはま》に至る一九・二キロの貨物専用鉄道で、昭和四五年に開業した。輸送の主力は石油で、鹿島のコンビナートで精製された油をタンク車を連ねて運んでいた。

ところが、昨年の七月二五日から、貨物専用のはずの鹿島臨海鉄道が旅客列車を走らせることになったのである。それ自体は大いに結構なのだが、運転経路も大いに変っていて、鹿島港南—鹿島神宮間となっている。つまり鹿島港南—北鹿島間の自社線を走ったあと、国鉄の貨物線に乗り入れて鹿島神宮まで行くのだ。

私鉄と国鉄の相互乗り入れは、東京の地下鉄東西線と中央本線・総武本線、千代田線と常磐線、伊豆急行と伊東線があり、国鉄から私鉄への一方的乗り入れは、中央本線から富士急行へ、高山本線から富山地鉄へなどいくつもある。また、私鉄から国鉄への一方的乗り入れも、小田急から御殿場線、名鉄から高山本線など六社の私鉄がおこなっていて、珍しいことではない。

しかし、それらはいずれも客扱い区間への乗り入れであって、鹿島臨海鉄道のように国鉄の貨物専用線に客車を乗り入れるなどというのは他にない。なかなか斬新で愉快な鉄道会社だが、国鉄全線完乗車たる私としては、いささか扱いに困る。

国鉄の全線に乗るということは、国鉄が旅客営業をしている区間の全部に乗るということである。とすると、北鹿島―鹿島神宮間では国鉄は旅客営業をしていないのだから、乗らなくてもかまわない。しかし、私鉄とはいえ歴とした客車がその上を走っているのに、乗らずに済ますのもおかしい。おかしいと思うのなら乗ってしまえばよいが、それでは問題の解決にならない。

けじめをつけずに北鹿島―鹿島神宮間に乗ってしまうと、全線完乗の基準である「旅客営業区間のすべてに乗る」が「旅客列車の走るすべての線路上を通る」に拡大される。上野—日暮里《にっぽり》間が「一区間」でなく「一〇本の線路」になり、二〇番線まである上野駅は「一駅」でなく「二〇の番線」になってしまう。事は北鹿島—鹿島神宮間のわずか三・二キロではないのである。

私は考えあぐねていたが、七月二五日がきて鹿島臨海鉄道の旅客列車が走りはじめると、放《ほう》ってもおけないので、結論は出さぬままとにかく乗ってくることにした。七月二八日、よく晴れた酷暑の日であった。

旅客営業を開始したと言っても、たった一両のディーゼルカーが一日三往復するだけである。しかも、鹿島神宮側から乗ると、行きはよいのだが、終点の鹿島港南で三時間も待たないと上り列車が来ないダイヤになっている。

私は鹿島港南発16時45分の上り終列車で片道だけ乗ることにし、成田線の小見川《おみがわ》からタクシーをとばした。小見川から鹿島港南までは利根川を渡ってすぐである。

鹿島港南の駅は広々とした砂地の上の真新しい無人駅であった。前を産業道路が走り、遠くに鹿島コンビナートの火力発電所などが見えるほかには何もなかった。駅前に広場はつくられていたが売店もなく、公衆電話のボックスがあるだけであった。夏の空は目がくらむほど青く、退屈で、短い片面のホームに立って列車を待っても時計

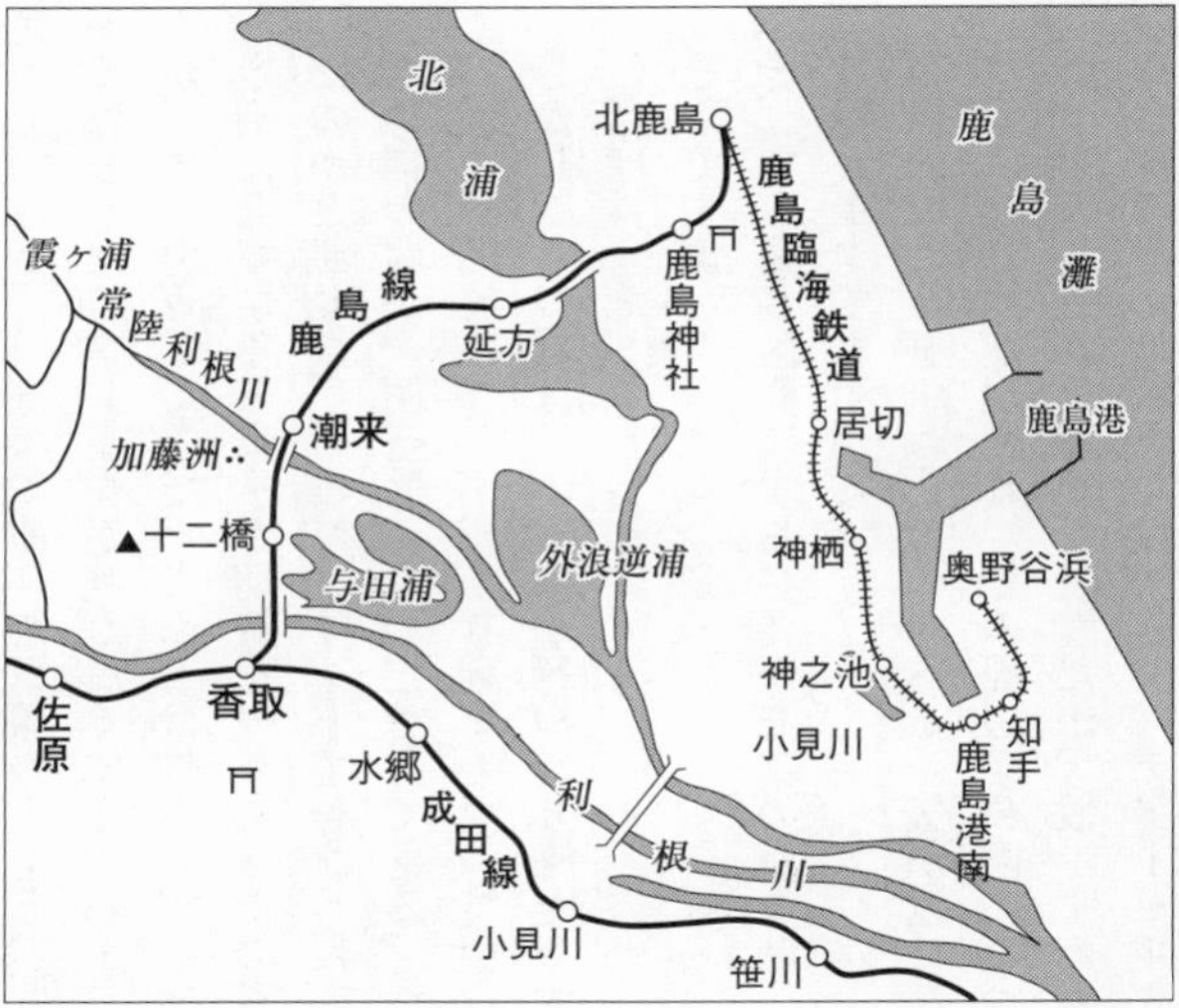

の針は一向に進まなかった。

こんどの列車を待つ客は私を含めて四人であった。一人はホームの端でカメラを構えているから鉄道ファンにちがいない。あとの二人は土地の人らしい。まともな乗客が二人、そうでないのが二人という割合である。

ようやく神栖寄りから一両のディーゼルカーがちんまりとやってきた。仕立ておろしのような新しい車両である。来た来たと、ホームの中央に歩み寄ったが、ディーゼルカーは私たちには眼もくれず、鹿島港南を通過して先へ行ってしまった。どうなっているのかと見送っていると、一直線に伸びた単線の上を七、八〇〇メートルも走ったところでようやく停まった。ブレーキが利かなくてオーバーランしたかのようであった。

が、すぐ引返してきて、こんどは停車し、ドアが開いた。

定刻に発車すると車掌が切符を売りにきたので、なぜあんな先まで行って引返してきたのかと訊《たず》ねた。オーバーランして停まったかに見えた地点は知手という駅で、知手と神栖の間が一閉塞《へいそく》区間なのだそうである。つまり、いったん知手まで行かないとこの区間が開放にならず、上り列車となって引返すわけにはいかないのだ。

「しかし、この線はこの一両が行ったり来たりするだけでしょう」

と私は言った。

「そうですよ」

「それでも閉塞区間にする必要があるのかな」

「貨物が走ってますから」

お粗末なことを訊ねたものである。気が遠くなるような暑い暑い日であった。

左窓に神之池が現われ、その周辺が公園になっている。

よく手入れされた清潔な公園だが、散歩する人も遊ぶ子もいない。臨海工業地帯というと緑のない地域を想像するが、ディーゼルカーは樹々に囲まれた細長い静かな池に沿って走った。

北鹿島は構内が広く、タンク車が並んでいた。立派な駅員詰所もあるが、貨物専用駅だから客扱いはしないし、ホームもない。ここで進行方向を変え、いよいよ国鉄線に乗り入れる。

といっても同じ規格の線路だから変ったこともない。

鹿島臨海鉄道の一両のディーゼルカーは、間借人らしい遠慮もなく、わがもの顔に国鉄の貨物線の上を走る。

切通しを抜け、鹿島神宮の杜《もり》に沿いはじめたなと思うと、わずか三・二キロだからすぐ終着鹿島神宮に着いた。下車してから眺めてみると、鹿島臨海鉄道専用の乗降場はあるはずもなく、長い国鉄ホームの片隅にちょこんと停まっていて、思いなしか恐縮しているかに見えた。

とにかく乗ってはみたけれど、北鹿島―鹿島神宮間の取扱いについては、いまだに結論が出ない。

8月　循環急行と只見《ただみ》線全通の日

交通機関は目的地へ人や物を運ぶための道具であり、それを利用することは手段である。ところが、目的と手段が逆転して用もないのに汽車に乗りに出かけ、ひとり悦に入っている人間、つまり私のような人間もいる。

また、たしかな目的地のある人でも、そこへの移動の手段としての汽車旅、船旅をついでに楽しんでいる場合もある。子供はみんなそうである。私など児戯の域を出るものではないと自覚している。

しかし、かならずしも自嘲《じちよう》しているわけではない。正面切って力説するのもはばかられるが、移動のための手段である限り交通機関は「文明」でしかない。それに対し、手段を目的に置き換えることによって汽車や船が「文化」へと昇華してくる、と私は密《ひそ》かに自負しているのだが、こういう議論は言い出したとたんに恥ずかしくなるし、要するに新幹線は文明にすぎないが遊園地の豆汽車は文化である、というあたりへ落ち着きそうだから、さっそくにも打ち切ることにして、ほんの一例だけあげさせていただく。

昭和五三年の秋、岩手県の山田線と釜石線に乗った。山田線というのは盛岡から東へ向かい、北上山地を越えて太平洋岸の宮古《みやこ》へ出、さらに海岸沿いに南下し、陸中山田を経て釜石に至る長いローカル線である。沿線の人口は少なく、とくに盛岡—宮古間は日本のチベットと言われる北上山地を走るから人家は稀《まれ》である。

こんなところに線路を敷設したのは盛岡出身の宰相原敬の力による。原敬ほどの人でも「我田引鉄」をやったらしい。帝国議会で山田線の建設が提案されたとき、野党の議員が、

「人も住まない所に鉄道を敷いて、いったい総理は山猿でも乗せる気ですか」

と質問した。しかし原敬は、

「鉄道法によりますと猿は乗せないことになっております」

と素気なく答えたという。

山田線に乗ってみると、さすがに猿は見かけなかったが、こんな挿話《そうわ》を思い出させるような過疎地帯である。

私が乗ったのは、盛岡発8時58分の急行「そとやま」であった。この急行は盛岡—（山田線）—釜石—（釜石線）—花巻—（東北本線）—盛岡というふうに走る盛岡発盛岡

行の循環列車である。ひと回りするから通して乗る客はなく、宮古、釜石で大半の客が入れ替わる。私は宮古にも釜石にも用はないから花巻まで乗りつづけるわけだが、もとよりそんな乗り方をする客はいないと思われる。

なにしろ盛岡から花巻までは、東北本線を直行すれば急行で三〇分も要しない。それに対し山田線と釜石線を経由すれば急行「そとやま」でも五時間一八分かかる。

盛岡を発車してまもなく、車掌が通りかかったので、花巻までの急行券を所望した。車掌は驚いて、

「え、お客さん、これは宮古回りですよ」

と言った。そして「弱ったな、茂市《もいち》まで停車しないからな」と絶句した。茂市は宮古の手前の駅で、そこまででも一時間四九分かかる。昼間の普通急行がこれほど長時間ノンストップで走る区間は他にないだろう。人口の稀薄《きはく》な地域なので急行を停車させるような町がないのだ。ちょっと日本離れしている。

私は乗車券を見せて誤乗でない旨を示し、車掌を安堵《あんど》させたが、ついでに、

「用もないのに乗ってる客を、車掌さんはどう思いますかな」

と訊ねてみた。車掌の職務内容の詳しいことは知らないが、旅客を安全確実に目的地に送り届けるのが主たる業務であろう。したがって、乗客の旅行目的が高ければ高

いほど車掌の仕事の価値も相対的に高まるにちがいない。戦時中の車掌が威張っていたのも、「不急不用の旅行はやめよう」「鉄道は兵器だ」の時代を反映したものと思われる。

用もないのに汽車に乗っている客に奉仕するとなれば、車掌の価値はどうなるのか。

しかも今日の「そとやま」はガラ空きである。私のいる車両には十人ちょっとしか乗っていない。乗客中に占める私のウエイトが高いからその分だけ車掌の価値は低下するのではないか。

私の質問に車掌は苦笑して答えない。

「用がないからといって汽車に乗ってはならぬという理由はないし……」

と私はまた言った。場合によっては「文明と文化」論を持ち出そうかとも考えたのである。しかし車掌は、

「なんでも結構です。とにかくお客さんですから」

と言って行ってしまった。

用もないのにふらっと汽車に乗りに出かけるのを私は愛好してやまないが、そういう人間にとって八月は最悪の月である。

急に思いたって上野駅へ行っても寝台券の入手は困難だし、もとより昼間の列車も混雑している。国鉄の統計を見ても旅客数のいちばん多い月は八月だ。

混雑するとはいっても、車両の中に入れないほどではないし、行こうと思えばどこへでも行けるのだが、いくら私でも通路に立ったまま窓外も碌《ろく》に見られない状態では、早く目的地に着きたくなる。つまり、汽車が移動のための手段に成り下がってしまうのである。

だから私は、八月には旅行らしい旅行をせずに過ごしてきている。最近の一〇年間を振り返ってみても、昭和四五年の八高《はちこう》線、四六年の只見線、五一年の吾妻《あがつま》線ぐらいしか記録に残っていない。このうち八高線は近すぎて旅行のうちには入りそうもない。

吾妻線は上越線の渋川から利根川の支流の吾妻川に沿って西へ入る線で、昭和二一年に長野原まで開通し、四六年には大前《おおまえ》まで延長された。長野原—大前間はまだ乗ったことがなかったので、子供を軽井沢に連れて行ったついでに乗った。

この線には日本一短いトンネルがある。川原湯駅の手前で吾妻渓谷が左窓に展開しはじめたとき、一瞬にして抜けてしまう樽沢《たるさわ》トンネルがそれで、長さは七・二メートルしかない。車両の長さは約二〇メートルだから、たった一両で走ったとしても頭と尻尾《しっぽ》がトンネルの外に出る。しかし、切り立った岩脈をくりぬいた本物のトンネルであるから、線路を覆う岩肌には樹が根を下ろし、なかなか風格がある。

吾妻線の終点は大前であるが、その一駅手前の万座《まんざ》・鹿沢口《かざわぐち》までは週末特急の「白根」や急行「草津」が走り、賑《にぎ》やかな観光路線となっている。ところが、そこから終点大前までの一駅、わずか三・一キロの区間には鈍行が一日五往復しか走っていない。この区間だけが見離されたような扱いになっている。

万座・鹿沢口で大半の客を降ろした二両の電車は、わずかな土地の人たちを乗せて四分ほど走り、無人駅の大前に着く。駅の北側は吾妻川の河原で、細い橋がかかり、対岸の段丘に大前の集落が小ぢんまりと固まっていた。

折り返しの発車時刻が近づくと、段丘につけられた道を一人、二人と降りてくる人影が現われる。車掌は眼をこらして対岸の細道の方を見つめる。手を振りながら急ぎ足に降りてくる。車掌はそれを待つ。二分遅れて発車した。

八高線は八王子と高崎とを結ぶ線であるが、正式の区間は高崎の隣駅の倉賀野《くらがの》から八王子までの九二・〇キロとなっている。東京都、埼玉県、群馬県にまたがっているが、まだローカル線の面影を残しており、電化もされていない。

線路は関東山地と関東平野の境目に忠実に敷設されているので、山地が張り出したところは東へ迂回《うかい》し、谷の出口に平野が切れこむところでは西へカーブする。けっして無理をせず、どこか温厚篤実なところがある。

それらの谷の出口には藤岡、寄居《よりい》、小川、飯能《はんのう》などの谷口集落が発達し、八高線沿線のおもな町となっている。八王子から上信越へ行くには八高線が最短経路であるが、二時間半もかかるので、みんな遠回りでも上野からの列車を利用するのであろう、急行は一本も走っていない。いずれにせよ、地味なローカル線である。

私が八月に八高線に乗ったのは、やはり軽井沢のせいである。所用で軽井沢へ出かけた帰り、信越本線の上り急行に乗ったが、夕方だったのでひときわ混《こ》んでいた。私は高崎で下車し、鈍行電車に乗り換えることにした。高崎線は鈍行でもなかなかの快速で走るから上野まで二時間で着く。特急には及ぶべくもないが、急行との差は二、三〇分でしかない。その程度なら鈍行で坐ったほうがよい。

多客期でも鈍行を活用すると楽に旅行できる場合が多い。遠距離の場合は時間がかかりすぎて日程に影響するが、中距離、たとえば上野—軽井沢間ぐらいなら鈍行を高崎で乗り継げば三時間程度で行けるし、坐れる。特急の自由席をねらって一時間も並

んだり、「みどりの窓口」で並んだりするより楽ではないかと思うが、そういう乗り方をする人は少ない。特急・急行への志向が強く、乗り換えを嫌うのが鉄道利用者の一般的傾向なのであろう。

さて、高崎で下車したとたん、八月だからと諦《あきら》め抑えこんでおいたはずのものが頭をもたげた。私は高崎線の鈍行に乗るのをやめ、八高線で八王子へ抜けることにした。幸い八高線はほぼ一時間に一本の割で運転されているから、さして待たずに乗れる。新幹線や信越本線の電車に乗ることはめったにない。八月にディーゼルカーに乗ることはあっても、ローカル線には乗りに行かないからである。

高崎線では工場ばかりが眼につくが、八高線に入ると一面の桑畑になる。藤岡を過ぎて渡る神流川《かんな》も高崎線から眺めると砂利採取の跡ばかりだが、八高線はヨシの茂る寒々とした河原を渡る。川幅が広く感じられるのは列車の速度が遅いからであろう。

寄居を出ると、秩父盆地から関東平野へ流れ出ようとする荒川を高い鉄橋で渡る。水が澄んでいて河底の岩が透けて見え、東京から一〇〇キロ以内にいることを忘れる。

ずいぶんいろいろなローカル線とつき合ってきたが、八月に乗ると少しく趣のちがうことがある。窓を開けているからトンボが飛びこんでくる。子供が喜んで追いかける。風に煽《あお》られて薄着の女性がますます薄着になる。日が暮れると、車内灯に誘われて蛾《が》が侵入し、青い眼を光らす。

只見線だけは予定を立てて乗った。

昭和四六年八月二九日、只見—大白川《おおしらかわ》間が開通し、会津若松—小出《こいで》間の只見線が全通した。これによって只見地区の人たちは小出から上越線を利用して東京までわずか五時間で到達できるようになった。それまでは会津若松から郡山へと迂回しなければ東京へ出られなかったのだから、只見線沿線の人たちは大喜びにちがいない。私は開通日の前夜、上野発23時50分の急行「ばんだい5号」会津若松行に乗った。すでに八月も終わりに近く、座席は楽に確保できた。

会津若松というところは私には扱いにくい。東京からの時間距離が中途半端なのである。日帰りには遠すぎるし、夜行では近すぎて、深夜にならないと会津若松行がない。運転時間が短いから寝台車もない。

夜行列車は八時か九時ごろに発車する寝台車つきのがよい。会社がひけて、みんなと一杯やり、適当に切り上げて寝台にもぐりこむ。適度の酔いと醒《さ》めた意識とが共存しているから、いい気分で時刻表を眺めながらすれちがう列車を照合したり、翌日の計画を練ったりすることができる。だから、上野から乗る場合は、19時50分発の「ゆうづる1号」青森行、20時50分発の「十和田3号」青森行、20時53分発の「越前」信越本線経由福井行、21時13分発の「鳥海」羽越本線経由秋田行あたりが適当である。

ところが23時50分発となると時間をもて余す。いったん家に帰って出直せばよいが、一日一往復だけでもうんざりしている都心と自宅の間を一往復半もするのはしんどい。私は映画をあまり見ないし、汽車に乗るまえに映画を見るのもそぐわない。つい人を誘って飲むことになる。時間がありすぎるから飲みすぎる。相手こそいい迷惑だが、こちらも寝不足と二日酔いの二重苦を背負って早朝の終着駅に降り立たねばならぬ。

そういう次第で深夜発の夜行列車は敬遠してきたのであるが、只見線開通日の一番列車に乗るためには上野発23時50分の「ばんだい5号」を利用するほかはなかった。

白みはじめた空に磐梯山《ばんだいさん》が浮き出て、5時10分、会津若松に着いた。只見線のホームには5時17分発の一番列車が停車していた。前部と後部に「祝只見線全通」という花輪をかたどった飾りつけをされ、晴れがましそうに発車時刻を待っているのだが、意外にも乗客が少ない。ホームも閑散としていて、カメラを構えた鉄道ファンらしい姿が二、三ちらほらするだけであった。

試乗の客たちで満員ではあるまいかと心配しながら跨線橋《こせんきょう》を渡ってきた私は拍子抜けした。明治いらいの悲願が実現して只見線が全通したのである。5時17分という早朝ではあっても、その一番列車の発車を無視するとはおかしい。

只見線全通日の一番列車は、テープカットの行事もなく、三両か四両か忘れたが、一両に数人の客を乗せたまま定刻に発車した。これではふだんの日のローカル線の始発列車と何の変わりもないではないか。

鶴ヶ城を左窓に望み、西若松を過ぎると、線路は会津盆地の南側をぐるりと半周する。こんどは鶴ヶ城が右窓遠くに見えてくる。前景は一面の水田で農家が点在しているが、列車に向かって旗を振る子供もいない。

一時間ほどで会津盆地が尽き、只見川に沿いはじめた。虚空蔵で名高い会津柳津《やないづ》に着いても歓迎の気配はまったくなく、古びた駅舎も黒々とした家並も、日曜日の朝の眠りから覚めないのか、ひっそりしている。

この線の駅名には「会津」を冠したものがやたらに多い。会津若松から只見まで二八の駅があるが、そのうち「会津——」が一七もある。

「会津」とともにダムも多い。青緑色に淀《よど》んだダム湖の底がようやく浅くなり、瀬や河原を見せたと思うと、もうつぎのダムが築かれている。只見川の水は一メートルたりとも無駄には流すまいとしているかのようだ。川というよりは階段になっている。

会津若松から二時間、会津宮下に着くと、突然、駅のホームで日の丸の小旗が一斉に振られ、人びとがどっと乗りこんできた。

私はようやく理解した。只見線の全通によって恩恵を受けるのは、ここから先の人びとなのだ。会津若松からこのあたりまでは従来どおり郡山経由のほうが東京に近いのである。現金なものだなと私は思った。

会津宮下から先は打ち振られる小旗の連続となった。カヤ葺《ぶき》屋根の庭先で一家揃《そろ》って振っている。村道と交わるところでは五人、一〇人と固まっている。うす暗い祠《ほこら》の傍らに一人で立っている人もある。火の見櫓《やぐら》の上でも振っている。

会津川口では運転士に花束が贈られ、乗りこんできた試乗客で座席は埋まり、立つ人もでてきた。

只見に近づくと徐行運転になった。線路際に小旗を持った人たちがびっしりと並んでいるからである。

只見は全通による恩恵をもっとも受ける町である。どんな具合いかと窓から首を出して見ると、前方のホームの上は、ブラシを仰向けに置いたように人で埋まっている。構内の側線の上も人でいっぱいである。

列車は警笛を鳴らしながら、ゆっくりと只見駅に進入した。万歳が三唱、四唱され、高校生のブラスバンドが「クワイ河マーチ」を吹き鳴らす。

ホームにいる人のすべてが乗れるはずはないし、どうするのかと思っていると、爺さんと婆さんばかりが乗ってきた。みんな胸にリボンをつけているから試乗者は老人だけに限ったらしい。それでも通路はもとより座席の間まで人で埋まった。みんなホームの側の窓に顔を近づけようとするから、反対側の席は空間が出来、車両が左に傾きそうである。

車内とホームとが互いに大声で怒鳴り合って騒然となる。窓から上半身を乗り出してホームの人に抱きつく爺さんがいる。婆さんたちはみんな泣きながら笑っている。泣いてないのは私だけのような気がして、すこしバツがわるい。

万歳と日の丸とマーチに送られて只見を発車した。時刻表では8時40分発となっているから一〇分の遅れである。

只見から新線区間となり、真新しいトンネルに入った。

「トンネルや」

と誰かが叫ぶ。

「わかっとるわ」

と大声の答が返る。車内が笑い声で埋まる。剝《む》き出された婆さんの入歯が落っこちそうだ。

「外を見ても何も見えんぞ」

「わかっとるわ」

また車内が笑いの渦になる。

トンネルを抜けると雪覆《スノー・シエード》いの下につくられた無人駅田子倉《たごくら》に停車する。雪覆いを支える鉄骨の間から田子倉ダムの湖面が見える。車内に嘆息のような歓声があがった。おそらく、只見からこの地点まで歩くとすれば何時間もかかるにちがいない。溜《た》め息ともつかぬ感嘆の声を、私はそのように聞いた。

田子倉からは「六十里越《ろくじゆうりごえ》」の長いトンネルに入る。六十里越は会津と越後を結ぶ古くからの峠越えで、現在は国道二五二号線が通じているが、冬期は不通になる。三メートル級の豪雪地帯なのだ。しかし鉄道は、いかに豪雪地帯であろうと平年並みの積雪であるかぎり不通にならぬだけの保安設備を施して敷設される。その点でも只見線全通の意義は大きいにちがいない。

歓声とともに長い六十里越トンネルを抜けると、雪覆い、防雪柵《さく》、防雪トンネルの連続となる。超満員の車内に光と影を交錯させながら、列車は無人の谷を下って行く。山肌のところどころに雪崩の跡があり、谷底には押し流された倒木が残骸となっている。

只見から三〇分で新線区間は終わり、大白川に着いた。しかし只見の爺さん婆さんたちは下車しない。小出まで行ってひと休みし、弁当でも食べてから引き返すのだろうか。

車内の笑い声は絶えなかったが、それがようやく疲れをみせはじめた頃、沿線の耕地が広がり、10時15分、終着小出に着いた。一五分の延着であった。

汽車に乗るだけが目的の賑やかな大集団と別れ、私は高崎行の電車に乗った。上野まで行かない鈍行なので空いていた。

会津若松までの切符しか持たずに只見線に乗ったから、会津若松―小出―東京都区内の乗車券を車中で購入しなければならない。

車掌は愛想よく車内補充券にパンチを入れながら、

「只見線はいかがでしたか」

と訊ねた。

「よかった」

と私は言った。

「そうでしたか。私も早く乗りたいと思っています」

と車掌は嬉しそうに言った。

9月　夏の終りとSL列車「やまぐち」号

日本は四季の変化に富んでいると言われる。外国生活の経験がないから比較できないが、そうだろうと思う。

じっさい、ああもう一年経ったのか、と思わせる気象、風物、行事は絶え間なくやってくる。正月がくる、サクラが咲く、女性が一斉に薄着になる。白かった腕がだんだん黒くなり、肩の皮などが剝《む》けてくると、ある日突然、隠され、マツタケが店頭に現われる。そして紅葉からジングルベル、新年号の時刻表。

さまざまの移り変りのなかで、人はそれぞれに「一年」を感じる。学校の先生は卒業式で感じ、プロ野球ファンならば日本シリーズで感じる。私も何かにつけて感じるが、それが心に滲《し》み入ってくるのは、やはり「始まり」ではなくて「終り」である。誰しもそうであろう。文学や歌謡曲の対象になるのは、ほとんど「終り」であって「始まり」は少ない。

海水浴場のヨシズ張りが取り払われて、元の淋しい砂浜になる。華やかな夏が終った高原の避暑地には切ない寂寞《せきばく》感がただよう。そして九月に入ると、列車はめっきり空いてしまう。夏のあいだの混雑がうそのようになる。

けれども、九月はじめの風物に秋らしいものは少ない。月が変っただけで、まだ夏の終りなのだ。

私は九月上旬の汽車に乗ると、いつも「終り」を感じる。一年を感じる。すぐあとに秋が控えているだけに、おなじ閑散期でも、二月や六月とはちがった淋しさがある。だから、汽車旅のなかで一年をもっとも強く感じるのは、私の場合、九月はじめである。窓外を過ぎる山河の眺めは晩秋のほうが一年の終りにふさわしい淋しさがあるが、九月はじめほどに感じられないのは、秋から冬への移行には季節の変り目をさほど感じさせない連続性があるからではないかと、私は思う。

九月はじめにひときわ強く季節を感じるのは、汽車がポッカリと空いてしまうからでもあろう。混雑からガラ空きへと手のひらを返したようになる時期は、正月明け、ゴールデン・ウイーク明けなど他にもある。行楽シーズンの日曜から月曜へかけては毎週のことである。けれども、九月はじめの場合は、夏の混雑期が長いこと、夏の遊び方が一年のうちでもっとも熟していること、そして秋がすぐあとに忍び寄っていることによって、宴《うたげ》のあとの哀歓がいっそう強まるのではないだろうか。

今年の九月七日、東京発10時36分の新幹線岡山行に乗った。車内はガラガラで、私の乗った4号車でさえ乗車率は二〇パーセント程度であった。4号車は自由席のうちでは編成の中央に近く、もっとも混む車両なのであるが、それすらこの有様なのだから、全体では一〇パーセントあるかなしの乗車率と思われた。

この「ひかり107号」は季節列車で、時刻表にはそれを示す◆印とともに「運転日注意」と書いてある。こういう記号や注記があると、もうそれだけで乗る気がしなくなる人が多いらしく、一般に定期列車と「運転日注意」列車とでは乗車率に格段の差が出るのが常である。しかし、九月号の時刻表を見ると、この「ひかり」の運転日は「9月11日までと9月13日→30日」となっている。運転しないのは9月12日のたった一日だけか、と思いながら欄外を見ると「9月12日は工事のため東京―新大阪間は12時半頃まで全面運休となる」旨が記してある。つまり九月中は定期列車同然なのであるが、やはり空いている。

ただでさえ客の少ない九月上旬の、しかも「運転日注意」列車である「ひかり107号」は、惨憺《さんたん》たる乗車率で定刻に東京を発車した。

しばらくして型のごとく検札があり、三〇分ほどたって小田原を通過するころ、ま

た車掌がやってきた。そして、

「本日のこのひかり号は、たいへん空いております。なぜかと申しますと、臨時列車だからでございます」

と解説をはじめた。客が少ないので検札はすぐ終ってしまい、時間をもてあましたのであろうか。

「一般にお客さまは定期列車に集中なさいます。本日でも、このまえの定期のひかり号は大勢のお客さまをお乗せして東京駅を発車しております。とくに10時ちょうど発の博多行は、ほぼ満席の状況でございました。いつものことでございますが、ジャスト発、つまり、9時ちょうど、10時ちょうど発のひかり号には、お客さまが大勢お乗りになるようでございます。国鉄といたしましては、臨時列車は空いておりますということを極力宣伝しておるのでございますが、なかなか徹底いたしません。どうか今後ともできるだけ臨時列車をご利用くださいますようお願い申し上げます」

これは新幹線の利用客にとって有益な情報である。しかし、こういうことこそマイクで放送すればよいのであって、一六両もの編成の車内をいちいち説明して歩くのは大変ではないか。よほどおしゃべり好きの車掌かしらん、と思っていると、突然、

「車掌、頭に来ました。これだからイヤになっちゃうんです」

と、ひどく生ま生ましい口調で、車掌が言った。週刊誌に眼をやりながら解説を聞き流していた客たちも、思わず顔をあげて車掌を見た。大柄な中年の車掌であった。

「東京駅を発車するまえに、車掌は幾度も繰り返し車内放送でご案内いたしました。この列車はひかり号でございます、こだま号ではございません、ひかり号は東京を発車いたしますと名古屋まで停車いたしません、お乗りまちがいのないようにと、それこそうるさいほど繰り返し申し上げました。……それなのに、やっぱり出ちゃうんですねえ。熱海までいらっしゃる三人連れのご婦人のお客さまが乗っちゃってるんですよ。そして、熱海で停めろって騒いでらっしゃるんです。あれほど幾度も、この列車はひかり号です、名古屋まで停まりませんって放送したのに聞こえなかったのですかと言いましたら、おしゃべりに夢中で聞こえなかった、っておっしゃるんです。車掌、もうつくづくどうしていいかわかりません」

鬱憤を晴らすために、せめて客の多い4号車で演説したのであろう。すこしうるさいが、その気持はわかる。

気が晴れたのか、「どうもお騒がせしました」と制帽をかぶりなおして通路を歩きだした車掌に、客の一人が訊《たず》ねた。

「熱海に停めるのかい」

「通過します」

別の一人が訊ねた。

「名古屋から引き返すとすると、切符はどうなるの？」

「ただで送り返します。まちがえて乗ったお客さまは無料で目的地までお送りすることになっております」

「国鉄は赤字なのに大変だなあ」

「ありがとうございます」

ひかり107号は、いつものように熱海を通過した。

晴れていた空が、新丹那トンネルを抜けると、曇になり、静岡のあたりから雨になった。しかし、京都に近づくと雨域を走り抜けたのであろう、ふたたび陽がさしてきた。

新大阪を過ぎると、４号車の車内は数人の客だけとなった。左窓からさしこむ陽光が窓枠《まどわく》の影をむなしく空席の白いカバーに落としたかと思うとトンネルに入る。それを繰り返しながら、ひかり107号は14時57分、終着岡山に着いた。

ここで宇野線に乗り換え、茶屋町で下車する。茶屋町は昭和四七年まで下津井《しもつい》電鉄の起点だった駅である。

児島半島の西南端にある下津井港は讃岐《さぬき》にもっとも近く、下津井―丸亀航路は本州―四国の主要ルートとして金毘羅詣《こんぴらもう》での客で賑《にぎわ》っていた。ところが明治四三年、国鉄の宇野線が開通し、宇野―高松航路に客が移っていった。下津井電鉄は、これに対抗しようとして敷設された軽便鉄道で、大正三年の開通であった。

戦後は、地方私鉄のすべてがそうであったようにバスとマイカーに押され、下津井電鉄は赤字に陥った。そして昭和四七年、沿線の中心都市児島から下津井までの六・五キロを残し、茶屋町―児島間一四・五キロが廃線となった。つまり、根元から幹の部分を切り捨てて枝だけ残したような形になったのである。もっとも、この線の中心が児島であることから考えれば、児島―茶屋町、児島―下津井の二つの鉄道のうち一本を廃線にしたとの見方もできるのだが、いずれにせよ、国鉄とかけ離れてポツンと存在する珍しい私鉄である。

茶屋町の改札口を出ると、国鉄の上り線の外側に接して下津井電鉄の線路跡があり、そこに児島行のバスが客を待っていた。

三〇分ほどで児島に着く。バスターミナルは広く、岡山、倉敷、宇野方面へのバスが頻繁《ひんぱん》に発着している。その広いバスターミナルと道ひとつを隔てて下津井電鉄の駅舎があった。六畳ぐらいの待合所があるだけの無人駅で、切符とジュース類の自動販売機が一台ずつ並んで置いてある。

起点駅であるが、片面ホームに線路一本という最小限の構えで、客の姿もなく、閑散としているから、本当にここに電車が入ってくるのか、という気持にもなってくる。

しかし、軽便鉄道時代のままの七六二ミリ軌間の狭く細いレールの踏面《とうめん》は、ちゃんと光っている。もっとも、光っている部分がレールの外側であったり内側であったりするから、下津井の方向を見渡すとレールがぐにゃぐにゃに曲って見える。

あいにく16時07分発は発車したばかりで、つぎは16時49分発である。行くところもないので、狭い軌条を両脚で踏まえてみたり、物置のような小さな駅舎の軒先をかすめて傲然《ごうぜん》と発着するバスの行先標を眺めているうちに、ぽつぽつ女子高生が集ってきた。

16時46分、ようやく線路が響いて、細面の小さな一両のディーゼルカーがやってきた。ワンマンカーで、バスのように運転席の脇に備えられた料金箱にお金を入れながら、地元のおばさんたちが、よいこらしょと低いホームに降りてくる。一人一人に運転士が「ありがとうございます」と言う。

一五人ぐらいの女子高生と数人の一般客を乗せると、すぐ発車した。

五分ばかり走ってから勾配《こうばい》を上ると、突然、左窓に瀬戸内海が開ける。思いのほか高い位置である。ロングシートなのでうしろを振り返らなければならないが、首が痛くなるくらいよい眺めである。

小さなディーゼルカーは、キイキイと線路をきしませながら右に急カーブして鷲羽《わしゅう》山《ざん》に停車した。瀬戸内海の展望台として知られる鷲羽山の中腹の駅である。待合室はなかなか大きく、乗客整理のための鉄柵が設けられているところからすると、かつては観光客が長い列をつくったこともあるのだろう。

鷲羽山を過ぎると、南に面した斜面の中腹を走るので眺めはいっそうよくなる。眼下には、雑木に囲まれた古寺を近景に、入江と黒い瓦屋根の漁村があり、その先に内海の島々が散っている。遠くにかすむ山々は讃岐山脈であろう。鷲羽山に登ればもっと眺望が広がるのだろうが、車窓からでも十分にすばらしい眺めである。

終着下津井は児島とちがって駅舎が大きく、構内も広かった。ホームも二面あり、引込線の先には車庫や変電所も備わっていた。いずれも古びているが、おっとりと構えていて、半世紀ぐらい昔に引き戻されたような駅であった。

砂利敷きの広場を出ると、すぐ海で、漁港とフェリー乗船場とが並んでいる。丸亀行のフェリーが待っていたので乗りたくなったが、あすは山口線のＳＬに乗るので引き返さざるをえない。下津井電鉄からフェリーへの乗り継ぎ客は一人もいないようであった。

その日は新幹線で小郡《おごおり》まで行き、駅前の新しいビジネスホテルに泊まった。あすの山口線のＳＬは一〇時ちょうどの発車である。

ＳＬ復活を希望した線区はたくさんあったという。一日の乗客が一〇〇人に満たないような線区なら、ＳＬ列車を一往復走らせただけで収支係数が一気に変ってしまうからだろう。一日一〇〇〇人クラスの線区でも、収支は相当に好転するだろう。たんに線区の収支だけではない。ＳＬの客たちが発駅や着駅の町、あるいは周辺の観光地にお金を落としていくから、町の人や観光協会などもＳＬ誘致に熱心であった。

それらの数多くの候補線区のなかから山口線を選んだ国鉄当局は、なかなかにしたたかだと思う。ＳＬを走らせるためには、転車台が使用できる状態で残っているか、などの施設の問題、人家の密集地を避けるという公害問題、それから、ＳＬらしく濛々《もうもう》と煙を吹き上げて撮影者を喜ばせるような適度な勾配があること、終着駅が観光地につながっていることなど、いろいろな条件を必要とするだろう。

山口線の場合は、山口市付近に人家が密集しているという難点はあるが、ほぼ条件を満たしていると言える。けれども、そのような線区は他にもあるにちがいない。そのなかから敢えて山口線に白羽の矢を立てたのは、客をＳＬよりも新幹線に乗せるためではなかったかと私は思う。

かりに北海道のどこかでＳＬを走らせても、客の大半は札幌まで飛行機で行ってしまうだろう。すでに東京—札幌間の旅客の九四パーセントまでが飛行機を利用しているという。いやしくもＳＬに乗ろうとするほどの人であるから、それほどまでに飛行機を利用するとは思われない、あるいは思いたくないが、いずれにしても国鉄よりは航空会社を喜ばせる結果となることに変りはなさそうだ。かといって、飛行機に乗せまいとして、東京や大阪の近くでＳＬを走らせれば、運賃収入はわずかしか見込めない。

その点、山口線の起点小郡は、まことに具合いのよい位置にある。なによりも好都合なのは、東京から一〇〇〇キロも離れているのに飛行機に客をとられる心配が少ないことである。近くに宇部空港があるが、ジェット機は発着できず、プロペラ機のＹＳ11が一日二往復している程度だから、とるにたらない。福岡まで飛んで小郡まで戻る飛行機好きも多少はいるだろうが、そこまで心配していたら日本中にＳＬを走らす線区はなくなってしまう。

ＳＬ列車の走る小郡―津和野間は六二・九キロ、運賃は七〇〇円、指定券を加えても往復で二四〇〇円である。それに対して東京―小郡間の運賃は、片道一〇〇〇キロ以上に適用される往復割引でも一三、八六〇円、新幹線の自由席料金が往復で一二、八〇〇円だから、計二六、六六〇円となる。つまり、東京の人がＳＬ列車に乗ろうとすれば、足代だけで二万九千円、大阪の人でも一万九千円となり、ＳＬ試乗は相当に贅沢《ぜいたく》なお遊びなのだ。

これでは、ＳＬに乗せてくれと子供に泣きつかれる親はたまったものではない。国鉄も残酷な商売をするものである。

山口線にＳＬを走らせると聞いたとき、なんたる老獪《ろうかい》さかと私は感心するとともに反撥を覚え、これに勝る線区はないものかと時刻表を開いて全国を物色してみた。けれども、山口線以上の地理的条件を備えたものは見出せなかった。時間距離が短く、それに反比例して運賃と料金の高価な新幹線を最大限に利用させようとすれば、小郡を起点とする山口線の右に出る線はないのである。

国鉄は、大局的、抜本的な赤字対策においては駄目だけれど、SL復活程度の小さなことになると冴《さ》えるらしい。

悪口を言いながらも、とにかくSL列車には乗りたいし、早く見たいから、10時00分発というのに九時すこし過ぎに小郡駅に行った。

SLが走りだしてから一カ月余りしかたっていないせいか、コンコースの内側も外側も「SL」の文字や飾りつけが氾濫《はんらん》し、売店では「SLまんじゅう」を売っている。しかし、掲示板を見ると、

「SL列車『やまぐち』号指定券、九月八日分あります」

と書いた紙片が貼《は》ってある。九月八日とは今日である。SLの人気は大変なもので指定券の入手は困難、と聞いていたし、今日こうして乗れるのは恵まれたことと思ってやってきたのに、ちょっと有難味が薄れる。指定券を買い占めた旅行代理店が、間際になって放出したのかもしれないが、やはり夏休み明けの閑散期だからであろう。

山口線の列車が発着する小郡駅の1番線には9時25分発益田行のディーゼルカーが停っていて、これが発車したあとに10時00分発のＳＬ「やまぐち」号が入線することになっている。

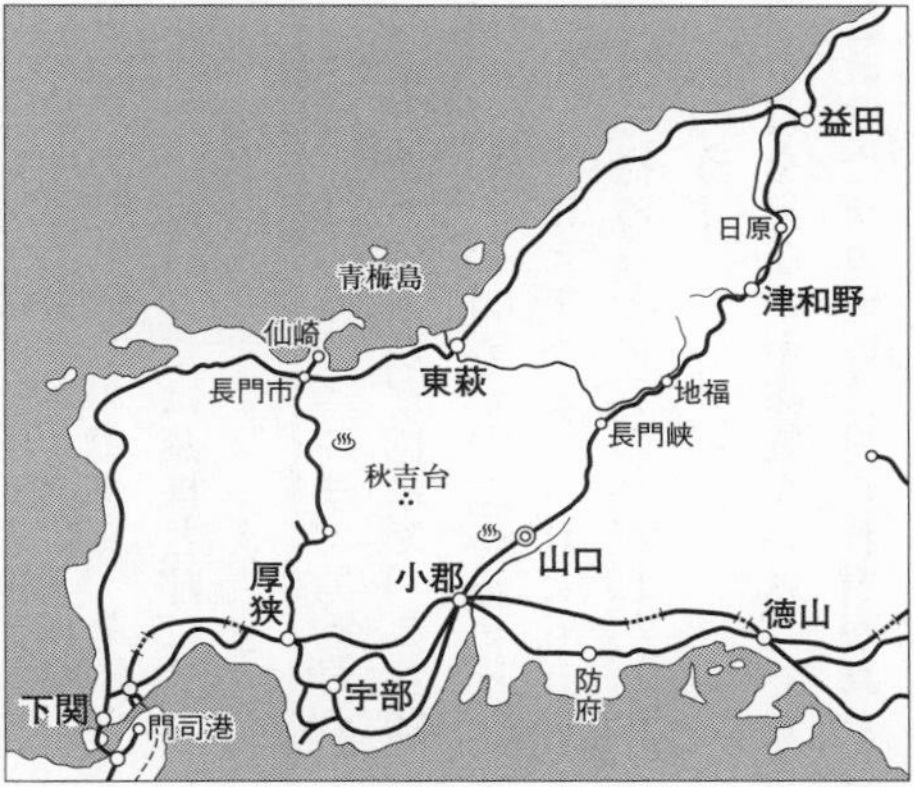

益田行が定刻に発車すると、「ＳＬ娘」というのであろうか、揃《そろ》いの制服にタスキをかけ、パンフレットの入った籠を肘《ひじ》にさげた娘さんが二人、改札口の脇に現れてニコニコしはじめた。わるい感じではないが、蒸気機関車に似つかわしいものではない。

ところで、私は「ＳＬ」という語を使ってきた。時刻表にＳＬと書いてあるし、国鉄もＳＬと言うから、やむをえずそれに従ってきたが、どうもＳＬという呼び方は、あの野暮ったくも逞《たくま》しい蒸気機関車に似つかわしくない。私の年齢、あるいは思い出が凝り固まっているからかもしれないが、ＳＬなんて言われると体がむずっとする。俺の頭その他に毛は生えているがヘアなんぞ一本もないぞといった感じのものである。そういうわけで、すこし頑迷固陋《ころう》だが、以後、蒸気機関車または蒸汽または蒸機と呼ばせていただくことにする。

さて、まもなく「やまぐち」号が逆行で1番線に入ってきた。客車は一見ブルートレインかと見まがう12系で、これは蒸気機関車に似合わない。やはり焦茶色の旧式客車でないといけない。若い女性でさえ、「あらSLらしくないのね、幻滅だわ」と言っていたほどである。けれども、自由に扉を手で開けられる旧型客車では、ファンが写真を撮ろうと体をのりだしたりするから、国鉄としても心配で連結できなかったのであろう。

やむをえないが味気ない思いで五両連結の12系客車に沿って前の方へ歩いて行くと、これまたテカテカに塗られ磨かれたC57が蒸気を吹いている。かつての蒸機は、こんなに光沢のある塗料を塗られていなかったように思うし、昔なつかしい蒸機よりは公園などに静態保存されているものに近い。C57は「貴婦人」と言われる形のよい機関車であるから艶《つや》っぽくしたのかもしれないが、どうも老女の厚化粧のようだ。

それから、煙突の上に庇髪《ひさしがみ》のような変なものを取り付けてあるのも気になる。防煙装置なのだろうが、懐しくないものが乗っかっているのは面白くない。さらに炭水車を覗《のぞ》くと、積んであるのは石炭の塊ではなく、一口最中《もなか》のような豆炭であった。やっぱりこれは、蒸気機関車でなくてＳＬなのかもしれない。

Ｃ57の先頭部の付近は大変な人だかりである。何かと見ると、駅長がじきじきにお出ましになっていて、客に駅長の帽子をかぶせてはＣ57の前部に一人ずつ乗せ、写真を撮らせている。

いろいろにいじくりまわされているが、ホームの端まで行って離れて眺めてみると、もちろん紛れもない蒸気機関車である。晴れ姿のＣ57の1号機は、冥土《めいど》から呼び戻されて戸惑っているかに見え、それがいかにも好ましい。何かと文句はあるけれど、生き返って良かったなあという気持にはなる。

定刻10時00分、なつかしい警笛を鳴らして「やまぐち」号は発車した。

ガクンと動き出すときの衝撃が、すこしちがうようである。連結器が改良されたので、機関車の方から一両ずつガチャンガチャンと伝わってくる、あの感触はないが、電気機関車やディーゼル機関車とはちがう。どこか機関車の息づかいが感じられるような緩急がある。

窓の外に煙が流れ、勾配にかかるとにわかに濃くなる。トンネルに入ると、かすかに煤煙《ばいえん》の香が漂い、窓枠の隅に煤《すす》が溜《たま》りはじめた。指でこすってみると粒子が細かく、昔のようにザラザラしていない。嗅《か》いでみると、かすかに油の匂いがした。

低い峠を一つ越え、長門峡《ちょうもんきょう》の入口を左に見て11時22分、地福《じふく》に着く。ここで三一分停車する。その間に急行「つわの2号」に抜かれるが、それだけのために三一分も停車する必要はないから、ここで乗客たちにゆっくりC57を眺めさせたり写真を撮らせたりするためであろう。これは気のきいた演出である。事実、乗客のほとんどがホームに降り、嬉しそうに機関車のまわりに集ってきた。

私も、あらためてC57を眺めなおす。停車中でも火室のなかに紅蓮《ぐれん》の炎がチラと見え、煙も吐いている。ときどき蒸気も吹く。やはり蒸気機関車は生きてないといけない。静態保存では剝製《はくせい》を見るようで痛ましい。

こうやって眺めていると、蒸機は見るものだとつくづく思う。乗っているより眺めているほうが楽しい。「見るのは蒸機、乗るのは電車」と言うが、そのとおりである。

もっとも、風向きで煙が頭上にくると煤煙が降ってくる。髪の毛を撫《な》でると、掌がうす黒くなった。眺めるにしても、もうすこし離れたほうがよいようだ。

地福からふたたび上り勾配にかかり、やや長いトンネルで分水嶺《ぶんすいれい》を抜けると島根県に入る。

まもなく左窓前方の谷あいに、津和野の家並が見えてくる。それがしだいに近づくと、列車は無雑作に町中に頭を突っこみ、町を貫流する津和野川を短い鉄橋で渡る。水は澄んで、川底の石が透けて見えた。

「やまぐち」号の終着は津和野である。ちょっと名残り惜しいので、ホームに降りてからＣ57の傍らに佇《たたず》んでいると、いきなり「ピイー」と、とんでもなく大きな鋭い音で警笛を鳴らす。突然だから、こちらは飛び上らんばかりだ。老女の厚化粧などと言ったから「貴婦人」が怒ったのかもしれぬ。

10月　紅葉団体列車と石北《せきほく》トンネル

駅や交通公社の「みどりの窓口」で発売した指定券の枚数を月別で見ると、断然多いのが八月、ついで七月で、三番目が一〇月となっている。日別あるいは週別で見れば、年末年始やゴールデン・ウイークなどがピークだが、月単位にならしてみると、一〇月が第三位なのである。

一〇月が多客期である理由を考えてみると、紅葉、味覚の秋、といった行楽気分を促進する季節的条件、夏のあいだに使い果たした「旅行費」が九月のあいだに充電されてくるという経済的条件、就職試験の直前という社会的条件など、いろいろ挙げられるだろう。結婚式の多い月であることも見逃せない。

各種の宴会やパーティーのなかで、もっとも出席率のよいのは、結婚披露であろう。しかも遠方からの出席者も多いから、衣紋掛《えもんか》けに礼服をさげて汽車に乗りこんでくる人をよく見かけるのも一〇月だ。

けれども、一〇月を夏休みに次ぐ多客期にしているのは、やはり紅葉である。

日本人の伝統的行楽といえば、春の花見と秋のもみじ狩りであろう。この二つを地形的に比較してみると、桜は平地の花であり、遠出をしなくても観賞できるが、紅葉の名所は山や谷の奥にある。京都のように近くである程度観賞できる町もあるが、大半の都市生活者にとっては、旅行しないかぎり「錦を飾る」山々の美観には接しられない。

そういうわけで、紅葉が旅行を促進しているのであろうが、では、私たちがそれほど紅葉見物に熱心かというと、そうでもないように私は思う。

私など、よく旅行する人間であり、紅葉も好きだが、紅葉を見たくてわざわざ出かけたことは、わずかしかない。見に行きたい気持は十分あっても、実行には至らないことが多いのである。

残暑が終ったと思うまもなく、マツタケが店頭に姿を現わす。高くて手が出ない、と女房が毎年おなじことを言いながら帰ってくると九月二〇日、テレビのニュースが大雪山の初雪を告げると九月末、そして一〇月一〇日にもなれば奥日光の紅葉と観光客の群れが画面に映る。ああもう紅葉か、来週あたり裏磐梯《うらばんだい》へ行けば見頃だな、と思う。しかし思うだけで行かない。つぎの週なら塩原、鬼怒川《きぬがわ》あたりか、と考えるが、これも行かない。そのうちに紅葉は西日本へ去ってしまう。

大方の旅行好きの人も、私とおなじような経過を毎年くりかえしているのではないかと思うけれど、実際には、各地の紅葉の名所はきちんと出かけて行く人たちで満員で、十和田湖の奥入瀬《おくいらせ》渓流沿いの国道など、観光バスが数珠つなぎになる。

旅行の動機は二つの要因からなっている。

一つは、言うまでもなく行先に目的がある場合だが、もう一つは、うしろから押し出す力で、ちかごろ新聞でよく使われる「東京脱出」などがこれである。夏は暑くて寝苦しいし、夏休みの子供はどこかへ連れて行かねばおさまらない。いっぽう、山は涼しく、海は暑さを忘れさせてくれる。故郷のある人なら月遅れ盆がある。押す力と引っ張る力との二つが揃っているから夏に旅行者が多くなるのは当然である。

ところが一〇月は、うしろから押す力がない。むしろ、農村の収穫期、子供の運動会など引き留める力すらあるのだが、旅行者が多いのはどうしたわけか。

東京の西の郊外、国立《くにたち》に国鉄の中央販売センターがある。ここは「みどりの窓口」の総元締で、全国に二千台もある端末装置から送られてきた、指定券有無の問合せ、発行の要求、キャンセルなどの、一日五〇万から一五〇万通に及ぶ信号《コール》に対して、回答、発行、記録などを「マルス」と略称されるコンピューターでおこなっているところである。「マルス」は、運転していない列車の座席を予約されたりすると、「再考」

という信号を「みどりの窓口」へ送り返しもする、なかなかの機械であるが、この「マルス」にも三種類ある。マルス105、150、202である。

マルス105は、私たちにおなじみの窓口と直結し、一般客用の指定券を一手に引受けている。マルス150は、プッシュホンによる新幹線の予約を扱う。マルス202は団体予約専用となっている。

この三つのマルスの扱い枚数の総計は八月がいちばん多いのだが、団体専用の202だけに限って見ると一〇月が最高なのである。

団体旅行、これが一〇月を夏に次ぐ多客期にしている原因なのだ。

旅行の動機は二つの要因からなる、と私は言ったが、もう一つ「団体旅行」を忘れていたことになる。団体旅行は語意からすれば「団体の旅行」という旅行の一形式にすぎず、旅行の動機云々《うんぬん》に加えるのはおかしいが、実態は「団体」であることが目的であり動機である場合が多い。

群れをなすのは人間の弱さの現われのようで、団体旅行は概して恰好がわるいが、むりに一人旅をしなければならぬ理由はないのだから、団体旅行大いに結構で、汽車のなかではしゃぎすぎないでほしい、ぐらいしか言うことはないのだが、旅行業者の好餌《こうじ》になりやすい体質をもっていることも事実であろう。

団体であること自体が目的のような団体旅行であっても触媒が必要だ。団体旅行のピークが一〇月であるという事実は、天高く、味覚の秋、燃ゆるような紅葉、といったキャッチフレーズがもっとも有効な触媒であることを示していると言えようか。

それはそれでかまわないが、一般向けの団体募集の日程などを見ていると、旅行業者は善男善女を甘く見ているのではないかと思うことが多い。

たとえば「紅葉の十和田湖へ」という二泊三日の募集がある。第一陣の出発日は一〇月三日、第二陣は六日、そのあと三日ごとぐらいに出発して、最終は一一月二日出発となっている。紅葉が一カ月もつづくのかと思うほど「販売期間」が長い。

十和田湖あたりなら、一〇月に入ればいくらか色づいた葉は見られるだろう。下草のなかには九月のうちに赤くなるのもあるだろう。一〇月末でも、木の種類によってはいくらか色を残した葉もあるかもしれない。葉が落ちるまでは「紅葉中」だと言い張れるかもしれない。

けれども見頃というものがある。客もそれを期待している。十和田湖の場合、一〇月一〇日から二五日の間が見頃だそうだから、客を募るならこの期間に限定すべきだろう。私は一一月二日に十和田湖へ行ったことがあるが、一面まっ茶色で、バスの運転手の話では一〇日以上おそいとのことであった。

もっとも、一〇月一〇日から二五日の間といっても、十和田湖の紅葉の見頃が十五日間あるという意味ではない。ここから先は旅行業者の責任を離れて、旅行者の運不運の問題になる。

紅葉は北へ行くほど、あるいは高度が上がるほど発色が鮮やかになる代りに見頃の期間は短くなる。北海道の紅葉はすばらしいが、厳しい人は「五日ともたない」と言うほどである。私は一〇月四日に大雪山の天人峡《てんにんきょう》へ行ったことがあるが、まだ緑のなかに紅《あか》と黄がちらほらするだけであった。三年後の一〇月一四日におなじ大雪山の層雲峡を通ったが、紅葉はほとんど終っていた。天人峡と層雲峡とは高度もほぼおなじであるから比較してよいかと思うが、そのくらい北海道の紅葉期間は短いのである。

しかも紅葉の時期や色具合いは、その年の気象条件によって左右される。寒さが早くやってきた年は早目に紅葉するし、昼夜の温度差が激しいと色が鮮やかになる。晴天がつづけば夜は冷えこむから発色がよくなる代りに寿命も短くなり、秋の長雨にたたられた年は色が鈍い代りに長持ちする。

また、木の種類によっても時期が異なり、紅葉の代表のイロハカエデは、黄葉の代表のイチョウより早く色づく。しかし、これは東日本でのことであって、西日本になるとイチョウのほうが早くなる地方もある、等々、ひと口に紅葉といっても黄葉もあり、いろいろである。

けれども、黄葉はきれいでもカエデ類が茶化していては駄目であって、やはり、紅も黄も鮮やかに発色し、そこに常緑樹も点在して錦を織りなした、といった状態が見頃であろう。こうなると、紅葉期の短い北国では見頃の期間は限られてきて、だいたい一週間というのが常識のようである。

しかも年によって変るから、ガイドブックなどでも、はっきりしたことは書いてない。「紅葉の時期は十月中旬である」とあれば大胆なほうだ。

私は一〇月になると妙に忙しくなる会社に長いこと勤めていたこともあって、旅行好きのわりには紅葉見物に恵まれていない。それでも一人で汽車旅行をするようになってから四〇年ちかく経っているから、ある程度は見てきた。その限りで言うと、息をのむほどの美を感じたのは二度しかない。一度は敗戦直後の昭和二〇年一〇月の二五日頃、東北本線の上り列車の車窓からであった。

当時は切符の発売制限が厳しく、長距離切符は徹夜で並ばなければ入手できなかった。私は前夜、弘前《ひろさき》の窓口に坐りこんで一夜を明かし、ようやく仙台までの切符を買った。私とともに並んでいたのは旅行者ではなく、手間賃をもらって代りに並ぶのを業とする浮浪者や戦災孤児たちであった。彼らは毎日のことであるからムシロや毛布を用意していて、冷い三和土《たたき》の上で眠った。一〇月下旬の弘前の夜は寒く、浮浪者たちは駅前で板切れを燃やして暖をとった。

彼らは親切で、私に焚《た》き火にあたれとすすめてくれたし、毛布の端を私の足にかけてくれたりもした。そのためであろう。彼らのシラミが私に引越してきた。

一睡もできなかったから眠い。けれども体は痒《かゆ》いから眠れない。用もないのに汽車旅行にでかけて来たことを後悔し、一刻も早く家に帰って風呂に入ることのみを夢みていると、列車が尻内《しりうち》（現在の八戸《はちのへ》）を過ぎ、さらに三戸《さんのへ》を過ぎ、馬淵《まべち》川に沿って登り勾配《こうばい》にかかったとき、黒ずんだ車内が突然明るくなった。両側の車窓は黄と紅に包まれていて、眼の覚めるような、とは正にこのことだと思った。地元の人と思われる乗客たちさえ感嘆の声をあげたほどの見事な紅葉と黄葉であった。

あと一度は、昭和四六年の一〇月一七日の裏磐梯であった。バスで檜原《ひばら》湖から磐梯吾妻《あづま》スカイラインを通って福島へ下りるという観光ルートであったが、バスが秋元湖と小野川湖の間の稜線《りょうせん》を登りつめたとき、それに出会った。

左右はいくつもの独立した突起峰で、紅と黄と緑の混じり合ったもの、ほとんど紅一色のもの、完全に黄だけのものなど、いろいろであったが、いずれも、あと一日おそくても、あるいは一日早くても、こうはならないのではないかと思われるほど鮮烈な色彩だった。快晴であったのも運がよかった。紅葉は陽光に映えないと駄目である。私は絵に描いたようだと思った。どうも、眼の覚めるようなとか、絵に描いたようだとか、表現が月並みだが、こういうときは使い古された常套句《じょうとうく》が、意外な新鮮さで浮かんでくるものである。

バスは、ときどき停車しながら絶景を満喫させてくれたが、印象的だったのは、運転手がそのたびに、どうだと言いたげに客席を振り返り、私と視線が合ったとき、ニヤッと笑ったことである。

一般に、地元の人は旅行者に対して、どうだすごいだろう、というふうには言わない。

日光の第2いろは坂をタクシーで登りながら、

「この辺の紅葉は綺麗《きれい》だなあ」

と、若干のお世辞含みで言うと、運転手は、

「いや、ちょっと遅いんですよ。もう二、三日前でしたらよかったんですがなあ。な

んやら、ところどころ茶っぽくなってますでしょう。お客さん惜しいことしましたなあ」

と言った。二、三日前を知らないから何とも言えないが、見たところ、茶っぽいとも思われない。息をのむほどの美しさではないにせよ、来てよかったぐらいの満足感は十分抱いていたのだが。

山形から仙台への仙山《せんざん》線の車中で、向いのおばさんに、紅葉が綺麗ですね、と話しかけたときも、

「今年の夏は寒かったから色がくすんどる」

との答であった。

これらは、本当はもっといいんだぞ、という一種のお国自慢であろうし、紅葉に限らず、その土地の食べものなどについてもその傾向はあるが、考えてみれば、美には人を黙らせる作用があるわけで、綺麗だなどと口に出して言えるうちは美ではないのかもしれない。裏磐梯のように、顔を見合せてニヤッとするようでないといけないのだろう。

去年の秋、暇ができたので思いきり汽車に乗ってみた。北海道から九州まで、でき

るだけ遠回りしながら行こうというもので、全部で三四日かかったが、このうち北海道は六日間で、一〇月一三日に襟裳岬《えりもみさき》に近い広尾をスタートした。

一〇月一三日に出発したのは、たまたまその日になってしまったにすぎないが、私は内心これはうまいぞと思った。というのは、ちょうど紅葉の季節だろうから、北海道独特の鮮烈な紅葉を六日間たっぷりと眺められそうだと思ったからである。北海道の紅葉は、高いところでは九月下旬から一〇月上旬、低いところで一〇月中旬となっている。鉄道は概して低いところを走るから、ちょうどよさそうだ。

最初に乗った広尾線の沿線は、カラマツにまつわったツタの葉が真紅で美しかったが、肝心の闊葉樹《かつようじゅ》はやや茶味を帯びていた。広尾線は北海道の南部にあり、しかも平地を走る線であるから、この調子では今年の北海道はもう駄目かと私はがっかりした。

旭川から東へ向かう石北本線に乗ると、雪になった。雪が降り始めたのではなく、雪の降っている地域に列車が進入したのであろう、すでに積っていた。一〇月一四日に平地の雪とはさすが北海道だと感心しながら、向いの席のおじさんに訊《たず》ねると、これほど早い雪は珍しいとのことであった。しかし、そのおじさんは、

「名寄《なよろ》ならこのくらい早く降ることもある」

とも言った。名寄は旭川より北の盆地にある。北海道は広いから、気象条件は地域

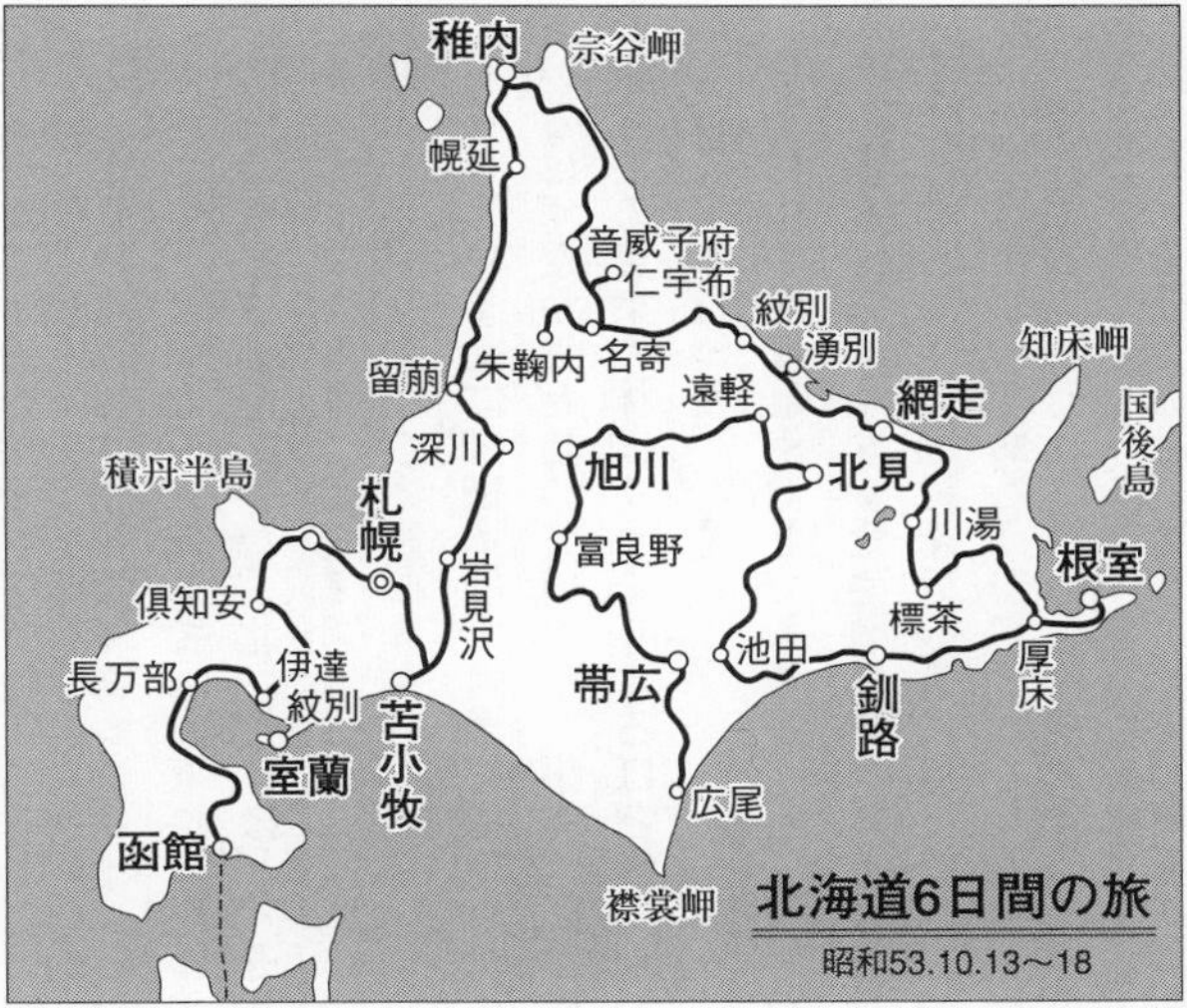

によってさまざまである。
北見峠の登りにかかると雪が深くなった。ところが意外にも紅葉がまだ見られるのである。カエデ類は盛りを過ぎているが、広尾線にくらべれば紅味を残しており、黄葉は鮮烈だった。それに針葉樹の緑と雪の白が加わったから四色で、こんな紅葉は見たことがなかった。いいときに来たと私は思った。
第一日目の宿泊地遠軽《えんがる》の旅館に着くと、さっそく私は、きょうは紅葉が綺麗だったと宿のおかみさんに話した。
「紅葉はもう終りですよ。このあ

たりは一週間前がよかったのですが、峠はまだきれいなんですか」

と、おかみさんは半信半疑であった。

じっさい、文句なしに綺麗で、お互いに黙ってしまうような場合を除いては、紅葉の時期はさまざまであった。北へ行くほど、そして高くなるほど時期が早いのは、大まかに言ってたしかではあるけれど、こまかく見ると、そうでないところがいくらもある。

三日目の昼まえに釧網《せんもう》本線で阿寒を南から北へ抜けた。阿寒の紅葉はとっくに終っているはずだからと諦《あきら》めていたし、事実、闊葉樹は焦茶色に近くなっていたが、川湯の駅付近の黄葉の林はびっくりするほど鮮やかであった。黄葉に関する限り、ここがいちばん見事だった。

紅葉は山の北側と南側とでもちがった。紫外線の吸収量が多いほど発色がよく、その代り茶化するのも早いとされるが、たしかに南に面したところは時期を過ぎており、日当たりのわるい斜面は十分観賞に堪えた。日のよく当たるところにくらべれば色の鮮やかさは劣るのであろうが、それでも美しかった。

六日間の北海道旅行のあいだ、私は紅葉の時期について土地の人にいろいろ訊ねた。

概して見頃を過ぎたと言う人が多いようであったが、そうでない人もあり、はっきりしなかった。私に訊ねられて、

「さあ、どうなのかなあ」

と、あらためて窓外に眼を移す人も少なくなかった。

観光地へ行けばちがうのだろうが、一般の人たちは紅葉にさして関心を抱いていないようであった。冬仕度に忙しい北海道の人びとにとっては、山が赤くなろうと黄色

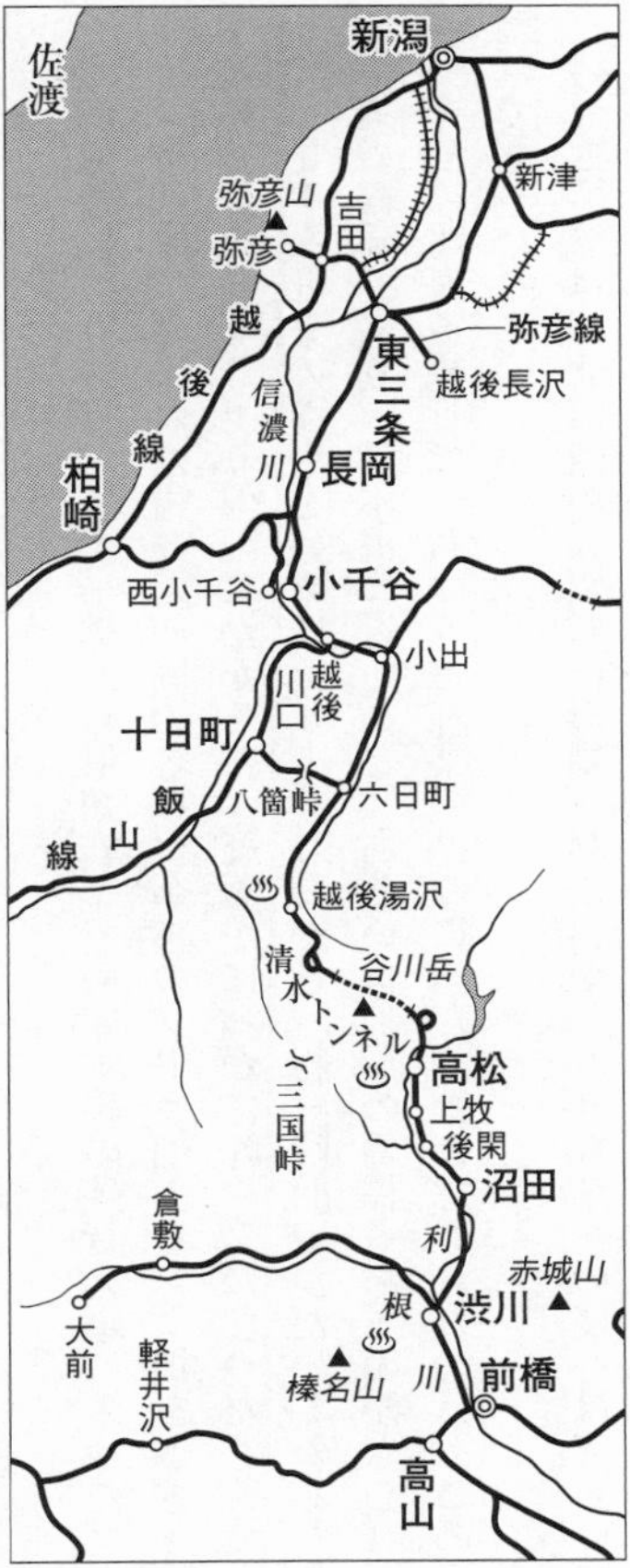

くなろうと、どうでもよいにちがいない。

北海道最後の六日目、まず小樽から倶知安《くっちゃん》まで函館本線の鈍行列車に乗った。ディーゼル機関車に牽《ひ》かれた古びた四両の客車が余市《よいち》のブドウ畑やリンゴ畑を過ぎ、積丹《しゃこたん》半島の基部を横切る上り勾配にかかると、紅葉がにわかに鮮やかになった。黄葉も盛りで、見事な紅葉のなかを列車は上り下りしながら、約一時間走った。このあたりは北海道の南部であり、日本海に近いこと、あるいは地形の関係もあるのかもしれないが、今回の北海道旅行で、ちょうど紅葉の盛りに当たったと思われたのは、この区間だけであった。

けれども私は、北海道の人たちに影響されたのか、もう紅葉への関心は薄らいでいた。

15時05分発の青函連絡船は、桟橋のスピーカーが鳴らす蛍《ほたる》の光に送られて出航した。客はひじょうに少なく、船内は寥々《りょうりょう》としていた。いまや東京—札幌間の旅客の九四パーセントが飛行機を利用するという。団体旅行のパンフレットを見ても、ほとんどが往復とも飛行機となっている。

色づいた函館山がうしろに遠ざかると、はやくも本州の北端下北半島の大間崎《おおまざき》から尻屋崎《しりやざき》へとつづく海岸線が見えてくる。デッキに備えられた望遠鏡で覗《のぞ》くと、夕陽を浴びた下北の山々が思いなしか赤味を帯びていた。

連絡船は乗船率一〇パーセントにも満たないほどの閑散ぶりであったが、青森駅は団体客で賑《にぎ》わい、駅前には、紅葉狩りの客たちを乗せた十和田湖からの観光バスがつぎつぎに到着していた。

11月　上越線と陰陽の境

秋の季節列車は一一月上旬で運転を終える。北国や山岳地帯のバスも一一月三日の祭日か一〇日頃までで運転は打切られ、以後は「冬期運休」となる。時刻表の紙面に隙間風が通りはじめる。今年も終りだな、と思う。

けれども、その淋しさは夏の終りとはちがう。どこか腹の据《すわ》った淋しさである。戦前に育った人間であるためか、私は一一月三日を過ぎると秋が終ったような気持になる。戦前の一一月三日は明治節、つまり明治天皇誕生記念日であった。この日は明治天皇の遺徳によって快晴になるとされていた。じっさいよく晴れる日で、一一月三日に雨に降られた記憶がない。そのせいでもあろう、観菊会その他、秋の最後の行事はこの日に行われることが多かった。

ところが戦争に負け、一一月三日が明治節から文化の日に変ると、よく雨が降るようになった。とくに関東地方では統計的にももっとも雨の降りやすい日となった。

それはとにかく、一一月一〇日を過ぎると、日本列島の天気図は冬型を示しはじめる。日本海側は雨か曇、太平洋側は晴の日が多くなる。熊は冬眠に入り、雪国の人たちは冬ごもり用の野沢菜などを樽《たる》いっぱい漬ける。表日本でも庭の虫が姿を消し、水虫も治る。

すっかり日も短くなって、旅行よりは読書の季節に入るのだろうが、列車も空くからつい旅に出たくなる。

車窓に映るのは平野ならば稲の切株、山に入れば葉の落ちた木々、今年のことはすべて終ったという景観で、色どりを添えるものといえば柿ばかりである。

柿の木は群れをなしていないのがいい。遠くからは、一本だけ紅葉を残した木があるかに見える。まわりが素寒貧としているだけに、ひときわ鮮やかである。

軒に吊《つ》るされた干柿も美しい。とくに剝《む》きたてのが壁一面スダレのように下がり、そこに夕陽が映えれば日本風景美の極致となる。干柿は日本中どこでも見られるが、山形や佐賀がとりわけ見事だと思う。干柿を見に旅行にでかけてもよいくらいだ。

けれども、この季節の旅で印象的なのは、やはり日本海側と太平洋側との気象が劃《かく》然《ぜん》と分れてくることであろう。これは雪が降ればなおはっきりしてくることではあるが、一一月の場合は表側がまだ爽やかな秋であるだけに、真冬とはちがった対照を示す。

シベリアからの湿った空気というものは、よほど山に弱いらしく、千メートル程度の山にぶつかっただけで、ほとんどが雲になり雪になる。二千メートルに近い谷川岳となると、越えてから一〇キロ程度の水上《みなかみ》あたりで湿り気を失い、カラカラに乾いて上州名物のからっ風になる。

だから、晩秋から冬にかけての季節に、日本海側と太平洋側との分水嶺《ぶんすいれい》を汽車で越えるのは面白く、ときには、あまりの居住条件の不公平さに胸をつかれることもある。

私は、齢とともに特急よりも鈍行に魅力を覚えるようになってきたが、この分水嶺越えだけは特急でつっ走ったほうが面白い。速度が速いだけ陰陽の変化が際立つからである。

適当な線区は何本かあるが、東京からの場合は上越線であろう。「国境の長いトンネルを抜けると雪国であった」と川端康成が書いたトンネルとは、言うまでもなく上越線の清水トンネルのことである。

上越線は全線電化複線で、特急が三〇分ないし一時間ごとに走る幹線であるが、景色がよく、変化に富んでいる。この線には何かと乗る機会が多く、何十回往復したか数えきれないほどだが、いまだに退屈しない。

高崎から特急で一五分、右窓に赤城山、左窓に榛名《はるな》山《さん》を眺めているうちに渋川を通過する。一一月中旬から三月上旬までならば、五日のうち四日は晴れている。渋川から利根川の渓谷沿いとなり、列車は段丘の上を走るかと思うと鉄橋を渡り、突然、切り立った崖《がけ》にトンネルで突っこんだりする。そんなところを一五分ほど走ると、沼田を通過する。ここも晴れている。

　沼田は尾瀬への入口として名高くなったが、かつては城下町であり、三国峠を越えて越後へ向う旅人の宿場でもあった。しかし、冬になると三国峠は雪に閉ざされて通れなくなる。旅人は沼田でひと冬過ごして雪どけを待つ。そうしているうちに沼田に住みつく人もでてくる。沼田には新潟県人が多いという。

　沼田から約四分、後閑《ごかん》を通過するあたりで空が曇る。と思うまもなく雪が降ってくる。つぎの上牧《かみもく》ではホームに雪が積っている。かならずそうなると保証はできないが、だいたいそうである。シベリアからの湿った空気は、後閑あたりで息が絶えるらしい。

　一〇年ほど前、特急「とき」何号かで新潟へ向っていると、はたして後閑、上牧で俄《にわ》かに晴から雪に変った。すると、隣の席のおじさんが、

「ありゃ、急にらしくなりましたなあ」

と言った。あまりに適切な表現なので、つい私も、

「急にらしくなりましたねえ」

とおなじことを言った。

上牧のつぎの水上を過ぎると、すぐ左に大穴《おおあな》スキー場のゲレンデとリフトが見える。晴の沼田からわずか一五分である。そして列車は新清水トンネルに入る。七、八分で抜けると雪国だ。

昭和五〇年には、雪の降りはじめる直前の上越線に乗った。一一月九日、日曜日の「とき1号」であった。この時も沼田—水上間で晴から曇に変り、新潟県に入ると冷い雨になった。

9時10分着の六日町で下車した。六日町は信濃川の支流魚野《うおの》川に沿う地味な町であるが、周辺にいくつものスキー場があるので冬になると活気づく。

作業衣を着た人たちが、道の真ん中で何かやっている。なんだろうと思って覗《のぞ》くと、道の中央に湯を通すパイプが埋めこまれていて、小さな穴があいている。その穴の一つ一つに細い鉄の棒を突っこんで掃除しているのである。この穴から湯が吹き出して道路の雪をとかすのであろう。

スキー客用の宿は、シーズンを迎える準備に忙しそうである。改築、増築中のもの、屋根のトタンを張り替えているもの、民宿の看板の料金の部分だけ白く塗りつぶして、値上げの構えのもある。

いっぽう、スキーと関係のない民家や農家はひっそりしている。裏口で菜っ葉を洗ったりしている。漬物の準備であろう。

冷雨を降らす空は黒い。これから四カ月間、太陽を見る日はほとんどなく、雪に閉ざされるのだ。

雪国に来ると、日本列島は不公平列島だと、いつも思う。それなのに税金などもおなじ率で課せられている。ひどい話だと思うが南北戦争も起さずに概して仲よくやっているのは不思議なくらいだ。しかも、こうした地域格差の減少に大きく貢献すると予想される上越や東北新幹線の建設を埼玉県や東京都の住民たちが妨害しても、さして怒るふうにも見えない。それどころか、商売とはいえ、スキー場などを整備してやって、表日本の坊っちゃん嬢ちゃんたちを遊ばせている。


六日町からバスで魚沼丘陵を越え、十日町へ向う。当時の私は国鉄全線に乗ろうと東奔西走しており、飯山線の十日町―越後川口間が未乗だったからである。

バスのなかでは、地元の人たちがキノコの話をしている。どこそこの爺さんが山で見つけたキノコを食べた。その晩から七転八倒だったが命には別条なかったという話である。笑い話にされているのだが、それはどんなキノコかと真剣に訊《たず》ねる婆さんもいる。

魚沼丘陵を八箇《はっか》峠の長いトンネルで抜け、信濃川の本流沿いに開けた十日町盆地に下る。十日町は絹織物と雪の深いことで知られる町である。

その日は、十日町―越後川口間のほか、越後線の柏崎―吉田間、さらに弥彦《やひこ》線の両端部分など新潟県に残る六つの未乗区間のうち四区間に乗った。弥彦線は、弥彦を起点とし、吉田で越後線、東三条で信越本線とそれぞれ交差してから越後長沢に至る二五・三キロのローカル線である。どうでもいいことだが、両端がいずれも盲腸のような行き止まりになっている珍しい線区である。そのためもあって、弥彦―吉田間、東三条―越後長沢間が未乗区間であったが、この日にまとめて片づけた。

四区間で合計八四・〇キロの未乗線を無事乗り終え、東三条発18時20分の上り特急「とき12号」で帰途についた。その日は日曜日で混《こ》んでいたが、さいわい指定券が入手できた。

隣の窓際の席が空いていたので、たぶん長岡から乗ってくるのだろうが、どんな人かなと思っていると、はたして奥さんらしい中年の婦人が乗ってきた。容姿を含めて可もなく不可もない、どちらかといえば、やや可に近い相客である。

婦人は、坐るとすぐ旅行鞄《かばん》を開いてミカンを二つとり出し、一つを私にすすめ、もう一つの皮を剝きはじめた。中年以上の婦人、とくに地方の人は同席の客に果物、ときには罐《かん》ジュースなどを分け与える慣習がある。一人旅のはずなのに車内販売からアイスクリームを二個買ったりするから、危ないぞと思っていると、はたして、おひとついかがですかと差し出される。相席になった挨拶なのであろうが、私はどうもこれが苦手だ。かといって、二個買おうとするときに、私は結構ですなどと言ってしまって、離れた所に連れの客がいたりしたら恥かしいことになるし、まことに扱いにくい。話しかけられてうるさければ聞き流すという方法があるが、食物の場合は口に入れないと相手の好意に応えたことにならないから困る。

多少なりとも食べる気のあるものの場合はまだよい。私が苦手とするのはコカコーラと夏ミカンである。コーラは胃がむかむかするし、夏ミカンは妊婦でないかぎりそうは食べられない。子供の土産に頂いていきます、と鞄に仕舞う方法もあるが、これでは、自分の分を別にくれと言うかに誤解されるおそれがある。

その日は、さいわい温州《うんしゅう》ミカンだったからよかった。その長岡の婦人は、上越新幹線ができると二時間で東京へ行けるようになる、あと三年だそうだが待ち遠しいと言った。問題の東京—大宮間の用地買収の進捗《しんちょく》状況から見て三年後の開通はとても無理そうだが、すげないことも言えないので私は生返事をしていた。

それにしても、表日本に住む人間が雪国の人から温州ミカンをもらうとは、申しわけないことである。


陰陽の境を際立たせる線区は他にもいろいろある。

新幹線でも関ヶ原付近で北陸の片鱗《へんりん》に触れることはできる。冬の東海地方は晴の日が多い。名古屋も晴、木曾川、長良川《ながら》の鉄橋も晴、ところが大垣の南を通過して関ヶ原の勾配《こうばい》にかかると空がどんよりし、関ヶ原トンネルを抜けると一面の雪原になる。晴から雪へと変るのに五分ぐらいしかかからない。

京都から敦賀《つるが》へのバイパスとして昭和四九年に開通した湖西《こせい》線も面白い。この線は文字どおり琵琶湖の西岸を走る。線路は比叡山や比良《ひら》山の裾のやや高い位置に敷設されているので、車窓から絶えず琵琶湖が見渡せる景色のよい新線である。

昨昭和五三年の一一月末、京都発10時52分の特急「白鳥」に乗り、湖西線経由で敦賀まで行った。

京都から堅田《かたた》あたりまでは日がさしていて、湖に沿って北上しはじめると前方に大きな虹《にじ》の橋がかかった。「白鳥」は虹へ向って突進する。虹は先へ先へと逃げて行く。

しばらくすると虹が消えた。冬雲の下に入って日が翳《かげ》ったからである。そして、琵琶湖の北岸に近づくと雪になった。

敦賀で下車し、北陸本線の上りで米原《まいばら》に近づくと雪が消え、東海道本線に乗り換えると関ヶ原でまた雪、しかし大垣へ下れば快晴であった。

山陽と山陰を結ぶ線は、姫路から山陰本線の和田山へ抜ける播但《ばんたん》線以西で七本ある。このうち、広島県の三次《みよし》盆地から江川《ごうがわ》沿いに日本海岸の江津《ごうつ》へ出る三江《さんこう》線は陰陽の境がはっきりしないが、そのほかの線区は、いずれも分水嶺のトンネルを境に、かなり明確な気象のちがいを見せてくれる。瀬戸内海側が雨の少ない乾燥地帯で、白茶けた土が太陽を反射しているだけに、トンネル一本を隔てて湿っぽい山陰側に入ったときの印象は、ひときわ暗い。

とくに、津山から鳥取へ通じる因美《いんび》線で、美作《みまさか》、因幡《いなば》の国境物見《ものみ》トンネルを抜けるあたり、倉敷から米子へ向かう伯備線の谷田峠《たんだだわ》、備後落合から宍道《しんじ》へ抜ける木次《きすき》線の三井野原《みいのはら》付近などが際立っているようだ。

それから、見落としやすいのだが北九州。冬の博多に行くと、ここは山陰なのだなと思う。鹿児島本線の上り列車で熊本のほうから北へ向かい、筑紫山脈の鞍部《あんぶ》を過ぎて博多に近づくと、にわかに湿っぽくなってくる。新幹線に乗っていても、山陽路が終って北九州に入ると晴から曇に変る。鶏の水たき、ふぐちりなど、博多に鍋《なべ》料理が多いのも肯《うなず》ける。

とくに長崎県の西北端に突き出た北松浦半島の北岸を走る松浦線の沿線は、厚い冬雲の下、壱岐《いき》水道からの北風を避けようと、軒の低い家々が入江の蔭《かげ》に寄り添っていて、これでも九州なのかと思う。青森県から秋田県へかけての日本海岸を行く五能《ごのう》線を思わせる車窓である。

12月　京都の漬物と九州の老人列車

一二月は、のんきに旅行などしていられる月ではない。

年末年始休みの約一週間分の仕事を二七、八日ごろまでに片づけなければならないのだから、やむをえないが、一二月の忙しさは、たんに五週間分の仕事を四週間分でこなすという比率以上のものがある。一年の終りであるから例月以外の仕事も入ってくる。会社で年賀状を書き、家に帰ってまた書く、忘年会もあれば大掃除もある。

そういう月であるから、私などのように旅行シーズンであるなしにかかわらず旅に出かけ、梅雨時も好き冬も好きと言っている人間でも、なかなか出かけられない。私の記録を見ても、会社勤めをしていた昭和五二年までは、年末休みの数日を除けばほとんど旅行していない。京都へ何回か行ったのと、昭和五二年一二月一一日、宮城県の気仙沼《けせんぬま》線の開通日に出かけたくらいである。それだけ行ければ結構な身分だと言われそうだけれど、私としては八月につぐ「閑散期」なのである。

したがって、旅行月としての一二月がどんな月であるのか、よくわからない。年末は帰省客とスキー客で大混雑すること、二〇日ごろまでは列車がガラ空きであることなどはニュースや指定券の発売状況を見聞きして知っていても、実際に旅行してみての経験はきわめて少ない。

経験に乏しくても、寒くて日が短くて、快適な月でなかろうことは推察がつく。けれども、快適な季節に旅行したからといって結果が快適であるとは限らない。旅の味わい、とくに印象として持ち帰るものは、旅行の外的条件と一致するわけではない。たとえば、一二月について多少は語れると思う京都の場合、これはきわめて印象がよい。

京都は四季折り折りの行事がじつに多い。だから、つい季節の変化に富んだ町かと思いやすい。しかし、そうではないように思われる。

もちろん、三方が山に囲まれ、盆地で寒暖の差がはげしいから、東京、大阪、名古屋などの大都市にくらべれば「自然」を感じる機会は多いだろう。けれども、それだけの理由であれほど四季に因《ちな》む行事が生み出されたとは考えられない。むしろ逆で、四季の変化に乏しいから行事で補っているかに思われる。

季節の変化に関心を持つのは農家である。死活にかかわるから、つつがなく稲の刈入れが終れば神に感謝して秋祭をする。流れるように自然な行事である。ところが京都は農村ではない。それどころか、息がつまりそうなほど整然と計画された人工都市である。

京都は街路が基盤目になっているから家を訪ねるにも判りやすくてよい、と言われるが、そういう規格化された便利さは味気ないものである。東京の山の手のように、あまりに無統制な道ぶりもどうかと思うけれど、適度の曲折や無駄のない道は人間味がなく、歩いていても退屈する。直線と直角だけでは散歩してもつまらない。最近は平野に高速道路を建設する場合でも、直線区間をつくらず、わざと曲線を連続させている。居眠り運転防止のためというが、納得のいく話である。

京都の場合は、その単調で人工的な町並に、ほぼ同一規格の二階屋が長屋状に密集している。間口に比して奥行が深いから中に入ると薄暗く、わずかな自然光を巧みに採り入れて陰翳《いんえい》ある生活空間をそれぞれにつくりだしているのには感心させられるが、いずれにせよ、自然や四季の変化とは縁遠い生活である。

私は二〇年ほど前、八月下旬から一〇月中旬にかけての約五〇日間、寺町通りの宿に籠《こも》って仕事をしたことがある。一日一回は街に出ていたけれど季節感はなく、蹲《つくばい》のある小さな庭ばかり眺めて机に向っているうちに、いつのまにか暑かったのが涼しくなり寒くなったぐらいにしか感じなかった。その代り宿の食卓には、趣向をこらした季節のものがつぎつぎに現れた。マツタケのほかはすべて忘れたが、たんに季節のものが自然に食卓に現れるのではなく、それによって季節感を盛ろうとする意志が、おかみさんの簡単な講釈のうちに感じられるのであった。

宿にかぎらず、京都の家庭を訪れても、茶菓子など、とくに季節のものを選んで出されることが多い。五月の粽《ちまき》にしても、私の家では、あんなのは手間賃を食うようなものだといって買わないし、たいていの家がそうだろうと思うが、五月の京都へ行くと出されることが多い。粽専門の店が気位高く構えているのも見かける。京の着倒れ食い倒れにしても、たんなる贅沢《ぜいたく》ではなく、季節感に乏しい都市環境にいるために、せめて衣や食で季節をつくりだそうとしているかに思われる。

そんなふうに私は、京都の年中行事や衣食について裏返しの解釈を下し、ひそかに悦に入っていた。その後、ものの本を読むと、そういった意味のことを、もっとしっかりと歴史的に踏まえて書いてあるのに出会い、少々がっかりしているのだが。

私は学生時代いらい三〇余年にわたって、しばしば京都を訪れ、また仕事の関係で長逗留《ながとうりゅう》するなど、よそ者としては京都に親しんできたほうだが、年中行事にはほとんど接したことがない。こちらの日程と合わなかったからではあるが、混雑するのがいやで避けてきたからでもある。

京都の行事は有職故実《ゆうそくこじつ》や町衆成立の事情などに通じていないと、変な恰好をした行列がノロノロ歩くだけのものとしてしか映らない。ごく無邪気で庶民的な行事もあるようだが、葵祭《あおいまつり》、祇園祭など、見物人の大勢集まるものほどそうである。私はたまたま葵祭の行列を京都市役所の角で見たことがあるが、従者に扮《ふん》した学生アルバイトが、メガネをかけ、水干《すいかん》だか狩衣《かりぎぬ》だかの裾からジーパンをちらつかせながら歩くさまがおかしかっただけであった。知識があれば、興味津々なのだろうが、なにしろこちらは着物の右前左前も怪しいほうだから、しかたがない。

たいして面白くないものを、群衆の肩越しに爪先《つまさき》立って見物するのは楽ではないし、そういう時期はホテルや旅館は満員、道路は渋滞して行動が制約される。

その点、一二月の京都はいい。修学旅行や団体旅行がいない。なによりも、あの鉤《かぎ》鼻《ばな》のアメリカ人のおばさんたちの集団にめぐり会わぬのがよい。大晦日《おおみそか》を除いては、さしたる行事もなく、一般の観光客も少ない。

最近の京都は、観光シーズンがだんだん明確でなくなり、梅雨時でも冬でも客が増えてきたが、さすがに一二月に訪れるような暇で酔興な人は少ないようだ。一二月の寺や庭は閑散としていて、古都の素顔を見せてくれる。

盆地の京都の冬は寒く、半分日本海側のようなところだから湿っぽい。古寺に上ると、足の裏から陰気な底冷えが伝わってくる。日が短いのも不便だ。けれども、団体客にわずらわされずに見物できるのは、こういう時期しかない。

人口密度が高く、観光旅行のさかんな日本に生まれながら、混雑を忌避するのは贅沢で、身のほど知らずだとは思う。どんなに観光客で雑踏しようと景色ならかならず見えるし、縁側に三重に人が並んでも龍安寺の庭は鑑賞できる。満員電車のように揉《も》みくちゃにされるわけではないのだから、見えさえすれば文句はないはずである。だから、日本の国内で、多少とも名を知られたものを見ようとすれば、同志が邪魔になるのはやむをえない、混雑をいやがるのは旅行者としての修業が足りないのである、と自分に言い聞かすのだが、いまだに悟りに達しない。スポーツ見物など観客が多いほど面白いではないかと、筋ちがいの議論を自分に吹きかけてもみるが、うまくいかない。つい、二〇年、三〇年前の静かだった京都を懐しむ。

自分の庭でもない大徳寺大仙院の枯山水《かれさんすい》を一人で眺めることなど贅沢が過ぎるとわかっていても、やはり、他に見物客がいないほうがいい。庭とはそういうものなのか、私の修業が足りないのか、いずれかであろう。

詩仙堂の鹿《しし》おどしとなると、これは音であるから、気持の持ちようだけでは及ばない。人の足音や話し声の合間から、あの森閑とした竹筒の音だけを抽出しなければならない。至難の業である。

ところが一二月は、底冷えさえ我慢すれば京都をわが物に鑑賞することができる。京都へ行くなら一二月だ。

京都のうまいものといえば、漬物であろう。その代表格である「すぐき」「千枚漬」は一二月に出回る。出回りたてがとくにうまいのは言うまでもない。これを食べると、当分の間、スーパーで買ったビニール・パックの漬物など食べる気がしなくなるので、かえって困るのだが、一二月の京都の楽しみの一つである。

漬物を食べたくて茶漬屋に入り、鉢にたっぷり盛られた漬物に上から醬油をかけたら、姐《ねえ》さんに「あらまア」と眉をしかめられたことがある。そして、いっぺんにかけると醬油がしみこんで糠《ぬか》の香りが消えてしまう、醬油は小皿にたらし、一口分ずつちょっとつけて食べるのがよろしいと教えられた。たかが漬物でもなかなかうるさいが、たしかにそうである。

昼は漬物で茶漬、夜は何かしかるべきものを食べてから襟《えり》を立てて木屋町あたりをさまよい、そのあとで熱いうどんを食べる。京都のうどんは淡泊でうまい。

翌日、帰るまえに錦小路を漁《あさ》る。錦小路は四条通りの一本北側の細い通りで、約五〇〇メートルにわたって両側に魚屋、八百屋、そうざい屋が並んでいる。料理店の板前も来れば一般の主婦も買い出しに来るという、百万都市にしては珍しいプロ、アマ未分化の市場で、食いしん坊の多い京都だけに、魚も野菜も種類が多い。この通りを歩くと京都に住みたくなるくらいだ。とくに一二月は、各種の漬物のほかに正月用食品が加わるから、いっそう多彩になる。

一二月となると京都のほかはほとんどどこへも行けなかった私であるが、昨年はじめて機会に恵まれた。一二月三日から八日にかけて山陰、山陽、四国、さらに一五日から二〇日までは山口県と九州計一二日間も汽車で乗り回ったのである。

したがって、西日本に関する限り「一二月の欠」をかなりに補えたと思うのだが、とりたてての印象には乏しかった。欲張り過ぎたスケジュールのために消化不良を起したのかもしれない。

どの町で降りても、商店街は歳末大売出し中でジングルベルが鳴り、裏通りに入ると忘年会の歌声が聞え、「知床旅情《しれとこ》」の頻度《ひんど》がもっとも高いようであった。通りには肩を組んだ人たちが二次会目指してジグザグに歩いていた。それは町の景気の良し悪しとは、さして関係ないように思われた。通勤通学時間帯の鈍行は混んでいたが、特急や急行は無惨なほど空いていた。列車は空いていた。

要するに、わざわざ旅行にでかけなくてもわかることが多かった。

農村や山間では柿だけが唯一の華やいだ色であった。いたるところに大根が干してあった。柿の朱と大根の白は冬枯れの山野ではひときわ目立った。これもとくに一二月独得の風物ではなく、むしろ一一月において際立つものである。

厚い冬雲に被《おお》われた山陰と北九州、乾燥して白くまぶしい瀬戸内海沿岸、青い海に冬とも思えぬ陽光が映えて汗さえかいた高知と南九州、その歴然とした対照には、あらためて感じ入ったが、これまた一二月に限ったことではない。

他の月と若干ちがった印象を受けたのは意外にも宿であった。

一一泊のうち二泊は日本ホテル協会加盟の本格ホテルであった。ここは特別のことがなく、オフシーズンを反映して閑散としているだけであった。

ビジネスホテルで七泊したが、深夜に起こされるところが多かった。たとえば、隣の部屋の水洗の音で眼を覚ます。朝かと思って時計を見ると、まだ午前一時である。

そのうち嬌声《きょうせい》が聞えてきたりする。ビジネスホテルには防音のわるいのがある。気になって眠れないから罐ビールでも飲もうかと自動販売機を探しに行くと、他の部屋からもそれらしき気配が漏れてくる。エレベーターから二人連れが降りてくるのに遭遇することもある。

ビジネスホテルとは「商人宿」をハイカラにしたものかと思っていると、かならずしもそうでない。地方の中小都市では大都市のように目的別客層別にいくつもの宿泊施設があっても成立っていかないから、兼業がおこなわれるのであろう。この傾向はもとより一二月に限ったことではないが、一二月になると顕著になるやに思われた。七泊もしたのだからそう断じてもよいだろう。ボーナス、忘年会での酒などがそのようにさせる原因かと思われるが、それはまあどうでもいい。とにかく一二月のビジネスホテルは私を大いに悩ましたのである。

日本式の旅館では二泊した。一軒は鳥取県の倉吉に近い東郷温泉の小ぢんまりした旅館であった。あいにく板前が忘年会で出かけておりましてと、おかみさんがひどく恐縮していたが、それが反映してか、松葉ガニが一匹まるごと膳に上るなど大変なご馳走であった。板前が頑張っていたらそうはさせないであろう。忘年会の余得かと思われる。

もう一軒は鹿児島県の志布志《しぶし》であった。

地方の小さな町では、旅館の看板を掲げていても、宿泊客より地元の集会や宴会でまかなっているのが多い。この種の旅館に泊ると、お膳運びで疲れたのか女中が「あぁしんど」と言いながら宿帳を持ってくる。腹が空いたと言うと、「まあ、お客さん、お食事まだだったんですかア」などと顔をしかめる。

志布志の宿に着いたのは九時すこし前で、忘年会終盤の絃歌《げんか》と手拍子が通りまで響き渡っていた。玄関でいくら怒鳴っても私の声はかき消された。諦《あきら》めて静まるのを待っていると、客の一人が千鳥足で現われ、「おーい、玄関に客がおるじゃなか」と伝えに行ってくれた。

この旅行中、九州の車中で見かけた二人の老人には、身につまされるものがあった。一人は、豊肥本線で乗り合わせた七〇歳くらいの声の大きなお爺さんであった。

豊肥本線は熊本から阿蘇の火口原を通って大分へ抜ける東西横断線である（九三ページ地図参照）。私が乗ったのは熊本発9時27分の急行「火の山1号」で、乗車率は二〇パーセント程度であった。

約四〇分で立野《たての》に着く。立野は阿蘇火口原の水を集めた白川が外輪山を突き破る深い谷の斜面に設けられた眺望のよい駅である。ここで列車は二度スイッチ・バックして外輪山の内壁から火口原へと急勾配を登ることになる。

最初の逆行に入ったとたん、私のすぐうしろで「一号車普通車！」と怒鳴る大声がした。びっくりして腰を浮かしながら振り返ると、一人の老人が窓から首を出し、一両一両指差しながらこの列車の編成の確認作業をやっている。窓の外で怒鳴っているのに車内にいる私が腰を浮かすのだから相当に声の大きいお爺さんである。四人掛けのボックスには他に客がいない。一人旅なのであろう。

阿蘇に着くと、老人は通路の向う側の席の窓を開いて首を出した。手には使い古した大判の時刻表を摑《つか》んでいる。

じつは私も反対側の窓に関心があった。まもなく上り急行が入ってきて、この列車とすれちがうのである。ほかの列車とすれちがおうと、すれちがうまいと、どうでもいいことであるけれど、時刻表の愛読者はそんなことが気になるのである。もしかするとこの老人も、と思っていると、老人はふたたび大きな声で、上り急行「火の山2号」熊本行の進入を告げ、一両ずつ編成を確認しはじめた。他の客たちは迷惑そうな好奇の眼で老人の背中を見ている。顔を見合せて笑う客もいる。老人と私とのちがいは、声を出すか出さないかだけであった。

もう一人はお婆さんで、日豊本線で出会った。

鹿児島県の国分《こくぶ》から都城《みやこのじょう》へ向かおうと、15時55分発の上り急行「錦江《きんこう》6号」に乗った。「錦江」とは、鹿児島湾の別称が錦江湾であることから名づけられたのであろう。西鹿児島―宮崎間だけを走るローカル急行である。この列車は珍しく客が多く、座席の半分はふさがっていた。私は、膝《ひざ》の上に駅弁をちょこんと載せて坐っている一人旅らしいお婆さんの向いの席に、ちょっと声をかけて坐った。

列車は鹿児島県特有のシラス台地の崖下《がけした》を曲りくねって登る。西日が窓いっぱいにさして、お婆さんと私を照らしている。そのうち、進行方向が東に変ったのであろう、お婆さんは蔭になり、私だけが眩《まぶ》しくなった。

こちら側の窓はほとんどブラインドが下ろされているのに、この窓だけは開いている。私はすこしぐらい眩しくても外を眺めていたいほうだし、第一、このお婆さんが熱心に窓外を眺めている。膝の上の弁当には手をつける気配がない。

二〇分ほど勾配を上って、霧島神宮に着く。すると、お婆さんは老眼鏡をかけて腕時計を見、つぎに万年筆をとりだして時刻をメモした。メモ用紙には、すでにいくつかの数字が記入されている。

まもなく、すれちがい列車の下り「錦江5号」が入ってきた。反対側の窓に列車の姿を見ると、お婆さんは異常な関心を示し、中腰になって見つめた。知り合いでも乗っているのかと私は思ったが、そうではなかった。到着時刻をたしかめるように、また腕時計を見、数字を記入した。

あとから入ってきたのに「錦江5号」は先に発車した。お婆さんは発車時刻も記入した。着発ともに記録しているらしい。もちろん、こちらの列車が発車すると腕時計をちらと見てメモした。時刻表は持っていないようであった。

分水嶺《ぶんすいれい》を越えると列車はエンジンを止め、軽い足どりで都城盆地に向かって下りはじめた。

左窓後方に霧島連峰が見えてきた。南九州の冬は快晴の日が多い。雲の切れはし一つなく、霧島はその全容を見せていた。

お婆さんも振り返るようにして一所懸命に霧島を眺めている。

「きれいですね」

と私は話しかけてみた。できれば、なぜ着発時刻をメモするのか訊《たず》ねてみたかったのである。

しかし、お婆さんの耳は遠かった。

あとがき

旅の印象は季節によってずいぶんちがう。乗りものや宿の状態によっても左右される。旅行者の年齢と関心の持ち方、そのときの気分、同行者の有無などの要因も無視できない。そのほかにもいろいろあるだろう。あまりいろいろあって結果は各人各様となるから、旅の印象は旅行者自身がつくりだすもの、といった観さえある。そこに旅の楽しさや効用があるのかもしれない。

そんな漠然とした考え方を、鉄道旅行に力点を置きながら歳時記風にとりとめなく綴ったのが本書である。

ここに収めた十三篇《ぺん》のうち、「9月」「11月」「12月」は新たに書き下ろしたが、他の十篇は月刊誌『潮』の昭和五十三年十月号から五十四年十一月号にかけて掲載されたものである。

（昭和五十四年秋）

解説　「汽車好き」その究極相

関川　夏央

宮脇俊三は「汽車旅」という。ＳＬが牽引しなくとも「汽車」なのである。電機が引っ張ってもディーゼル車でも、電車特急でさえも「汽車」なのである。

その汽車好きを決定づけたのは、満八歳となった一九三四年十二月、丹那トンネル開通による時刻表の大改正であった。

ヨーロッパの約三倍の走行密度で日本の国鉄が運行したのは、少ない線路を多数の列車が奪い合うように走るからである。上下列車の行違い、急行列車の増発による追い抜きと追い抜かれ、支線分岐駅での連絡、汽車は非常に複雑かつ正確に動く。「時刻表」はおのずと厚くなる。そこに「時刻表」を「読む」という、世界でもまれなたのしみが生じる。幼少年期と戦前国鉄の黄金時代を重ねた宮脇俊三少年は、時刻表解読を入り口に生涯を汽車好きとしてすごすことになった。

長じて大手出版社に入っても汽車好きにかわりはなかった。しかしそんな愛好をつとめて秘したふうであったのは、それがコドモの好みの延長、すなわち「児戯」と認識して、やや恥じるところがあったからである。自分が「コドモっぽい」ことを自慢するのは異常なふるまいだ、戦前の東京育ちなら、ことにそう思ったはずである。

「かくれキリシタン」のようであった宮脇俊三が、おのれの「信仰」を同僚に「告白」したのは一九七五年頃、四十代も終り近くなってからであった。日本地図を眺めていて、当時の国鉄二四一線区のうち、すでに八割以上に乗っていることに気づいた。ここまできたのなら全線完乗という手もあるな、と思った。

宮脇俊三は書籍編集という仕事が好きであった。実績も上げていた。しかし七〇年代に政治運動化した社内の組合活動にはうんざりしていた。のみならず、休日にも活動家に自宅まで押しかけられて大音量のスピーカーで非難されるという実害をこうむった。そこに加齢成熟という条件が重なり、いっそ「児戯」に徹してみるかという覚悟のようなものが生じたのである。

「告白」は思わぬ効果を生んだ。

未乗線区はみな遠くにあるから、金曜日の退勤後、夜行寝台列車に乗って近くの都市の駅に朝着くのが合理的だ。以前は終業から寝台列車発車時刻まで間をもたせるのに苦心していたのだが、同僚が酒場でつきあってくれるようになった。ほろ酔い加減で上野駅に行って列車に乗る。寝台上で行き違う何列車かを「時刻表」で確認しているうち、自然に眠りに誘われる。そうして土曜と日曜をローカル列車「乗りつぶし」に費して再び寝台列車で帰京し、月曜日の朝はそのまま出社するのである。

しかし同行を望む同僚があらわれたときは驚いた。

「汽車好き」の「汽車旅」とは第三者には理解しがたいところがある。求道的といえば聞こえはよいが、はた目には徒労以外のなにものでもない。宮脇俊三はとまどいつつも嬉しく思い、自分の目的は二の次として、同僚に退屈させない旅を設計した。そうしながらも「汽車好き」の特殊さを痛く感じざるを得なかった。

「全線乗りつぶし」は七七年五月に終った。もう乗るべき線がない。さびしさは想像以上であった。なにやら本業の仕事への意欲さえ減退するようであった。

全線完乗の記録は、翌七八年七月『時刻表2万キロ』として刊行された。それとほぼ同時に、宮脇俊三は二十七年間勤めた会社を辞めた。五十一歳であった。

その『時刻表2万キロ』は不思議な本であった。趣味の世界に没入する人の「徒労」が淡々とえがかれているばかりなのに、なぜかおもしろい。鉄道趣味を「児戯」と見切った謙虚さが全編をつらぬいており、同時に、そんな「どうでもいいこと」の正確な記述への強い意志が感じられる。それはいわば、心あたたまる「不条理文学」

であった。

宮脇俊三がフリーの書き手となってはじめての仕事が、つぎの本『最長片道切符の旅』（七九年十月刊）であった。

自由は「ゲーム」の敵であるから、よりきびしい条件を自らに課した。北海道・広尾線広尾駅から鹿児島・指宿《いぶすき》枕崎線枕崎駅までの「ひと筆がき」のコースを設定し、通し切符の通用期間六八日以内に乗るのである。全行程一三三一九・四キロ、当時の国鉄旅客営業線総延長の六三パーセントにおよぶ距離を、約二〇〇本の列車に実乗三四日、まさに重労働の「遊び」であった。

三冊目が本書『汽車旅12カ月』である。七八年秋、『最長片道切符の旅』に出る直前から翌年秋までの一年間雑誌連載した原稿に書きおろし三章分を加え、七九年十二月に刊行した。

あざやかな日本の四季ごとの汽車旅のおもしろさについて語ったこの本は、六五年頃以降の乗車体験から取材されているが、中心をなすのは前二作の旅の回想である。最終章「12月」の末尾に登場する、汽車好きのおじいさん汽車旅好きのおばあさんは、どちらも『最長片道切符の旅』の終り近くの車中で瞥見したのである。

おじいさんは七八年十二月十八日午前、九州・豊肥本線の車中で見た。大分行列車が立野駅でスイッチ・バック運転をはじめると、窓から首を突き出したおじいさんは、大声で列車の編成車輛を読み上げた。阿蘇駅で行き違いの熊本行急行が到着すると、こちらの列車の編成も、一輛一輛大きな声で確認するのである。

車内の乗客たちは、好奇と迷惑の入りまじった表情でおじいさんを見た。宮脇俊三も迷惑だと思った。しかし必ずしも侮蔑することはできなかった。「老人と私とのちがいは、声を出すか出さないかだけであった」からである。

おばあさんとは翌十二月十九日夕方、日豊本線の車中で向かい合わせの座席にすわった。

このおばあさんは記録好き、というより記録魔であった。列車が駅に到着すると、その時刻を自分の腕時計で確かめ、メモする。行き違う列車には非常な興味をしめし、中腰になって注目する。むろんその列車の着発時刻も抜かりなく書きとめる。

ふたりの老人の集中ぶりは異様である。そこに本人の満足と、多少ゆがんだかたちではあるにしろ幸せを見ることはできる。だがやはり、「徒労」という言葉を思い出させ、またある種の悲哀をも感じさせる。

幼い頃からの「趣味」が高じ、老化によって自制心と社会性が損なわれると、その原初的なありかたが露出する。いいかえれば、ファンというものの究極の姿がここにある。それは二十年後の自分かも知れない。

そのような冷静さ、自己客観をおこたらぬ落着きが、宮脇俊三の本領である。そしてそんな資質のもたらした抑制力が、彼の書きものを、少なくともその初期五年間の作品群を、たんにマニアの記述にとどめなかった理由だろう。そして、それこそが宮脇文学の力量の源なのである。

（作家）

＊本書は一九七九年一二月に潮出版社、一九八二年四月に新潮文庫、二〇一〇年一月に河出文庫より刊行された。
＊地図作成：小野寺美恵

新装版
汽《き》車旅《しゃたび》12カ月《げつ》

二〇一〇年 一 月二〇日 初版発行
二〇二一年一二月一〇日 新装版初版印刷
二〇二一年一二月二〇日 新装版初版発行

著 者 宮脇俊三《みやわきしゅんぞう》
発行者 小野寺優
発行所 株式会社河出書房新社
〒一五一－〇〇五一
東京都渋谷区千駄ヶ谷二－三二－二
電話〇三－三四〇四－八六一一（編集）
〇三－三四〇四－一二〇一（営業）
https://www.kawade.co.jp/

ロゴ・表紙デザイン 粟津潔
本文フォーマット 佐々木暁
印刷・製本 中央精版印刷株式会社

Printed in Japan ISBN978-4-309-41861-2

時刻表2万キロ

宮脇俊三 47001-6

時刻表を愛読すること四十余年の著者が、寸暇を割いて東奔西走、国鉄（現ＪＲ）二百六十六線区、二万余キロ全線を乗り終えるまでの涙の物語。日本ノンフィクション賞、新評交通部門賞受賞。

終着駅

宮脇俊三 41122-4

デビュー作『時刻表２万キロ』と『最長片道切符の旅』の間に執筆されていた幻の連載「終着駅」。発掘された当連載を含む、ローカル線への愛情が滲み出る、宮脇俊三最後の随筆集。

終着駅へ行ってきます

宮脇俊三 41022-7

鉄路の果て・終着駅への旅路には、宮脇俊三鉄道紀行の全てが詰まっている。北は根室、南は枕崎まで、二十五の終着駅を目指す「行き止まりの旅」。国鉄民営化直前の鉄道風景が忘れ去られし昭和を写し出す。

旅の終りは個室寝台車

宮脇俊三 41008-1

寝台列車が次々と姿を消していく。「最長鈍行列車の旅」等、鉄道嫌いの編集者との鉄道旅を締めくくるのは、今はなき「はやぶさ」だった……。昭和の良き鉄道風景を活写する紀行文学。

ローカルバスの終点へ

宮脇俊三 41703-5

鉄道のその先には、ひなびた田舎がある、そこにはローカルバスに揺られていく愉しさが。北海道から沖縄まで、地図を片手に究極の秘境へ、二十三の果ての果てへのロマン。

わたしの週末なごみ旅

岸本葉子 41168-2

著者の愛する古びたものをめぐりながら、旅や家族の記憶に分け入ったエッセイと写真の『ちょっと古びたものが好き』、柴又など、都内の楽しい週末“ゆる旅”エッセイ集、『週末ゆる散歩』の二冊を収録！

早起きのブレックファースト

堀井和子 41234-4

一日をすっきりとはじめるための朝食、そのテーブルをひき立てる銀のポットやガラスの器、旅先での骨董ハンティング…大好きなものたちが日常を豊かな時間に変える極上のイラスト&フォトエッセイ。

アァルトの椅子と小さな家

堀井和子 41241-2

コルビュジェの家を訪ねてスイスへ。暮らしに溶け込むデザインを探して北欧へ。家庭的な味と雰囲気を求めてフランス田舎町へ——イラスト、写真も手がける人気の著者の、旅のスタイルが満載！

七十五度目の長崎行き

吉村昭 41196-5

単行本未収録エッセイ集として刊行された本の文庫化。取材の鬼であった記録文学者の、旅先でのエピソードを収攬。北海道〜沖縄に到る執念の記録。

巴里ひとりある記

高峰秀子 41376-1

1951年、27歳、高峰秀子は突然パリに旅立った。女優から解放され、パリでひとり暮らし、自己を見つめる、エッセイスト誕生を告げる第一作の初文庫化。

巴里の空の下オムレツのにおいは流れる

石井好子 41093-7

下宿先のマダムが作ったバタたっぷりのオムレツ、レビュの仕事仲間と夜食に食べた熱々のグラティネ——一九五〇年代のパリ暮らしと思い出深い料理の数々を軽やかに歌うように綴った、料理エッセイの元祖。

東京の空の下オムレツのにおいは流れる

石井好子 41099-9

ベストセラーとなった『巴里の空の下オムレツのにおいは流れる』の姉妹篇。大切な家族や友人との食卓、旅などについて、ユーモラスに、洒落っ気たっぷりに描く。

女ひとりの巴里ぐらし

石井好子　41116-3

キャバレー文化華やかな一九五〇年代のパリ、モンマルトルで一年間主役をはった著者の自伝的エッセイ。楽屋での芸人たちの悲喜交々、下町風情の残る街での暮らしぶりを生き生きと綴る。三島由紀夫推薦。

いつも異国の空の下

石井好子　41132-3

パリを拠点にヨーロッパ各地、米国、革命前の狂騒のキューバまで——戦後の占領下に日本を飛び出し、契約書一枚で「世界を三周」、歌い歩いた八年間の移動と闘いの日々の記録。

私の小さなたからもの

石井好子　41343-3

使い込んだ料理道具、女らしい喜びを与えてくれるコンパクト、旅先での忘れられぬ景色、今は亡き人から貰った言葉——私たちの「たからもの」は無数にある。名手による真に上質でエレガントなエッセイ。

ニューヨークより不思議

四方田犬彦　41386-0

1987年と2015年、27年の時を経たニューヨークへの旅。どこにも帰属できない者たちが集まる都市の歓喜と幻滅。みずみずしさと情動にあふれた文体でつづる長編エッセイ。

味を追う旅

吉村昭　41258-0

グルメに淫せず、うんちくを語らず、ただ純粋にうまいものを味わう旅。東京下町のなにげない味と、取材旅行で立ち寄った各地のとっておきのおかず。そして酒、つまみ。単行本未収録の文庫化。

HOSONO百景

細野晴臣　中矢俊一郎〔編〕　41564-2

沖縄、ＬＡ、ロンドン、パリ、東京、フクシマ。世界各地の人や音、訪れたことなきあこがれの楽園。記憶の糸が道しるべ、ちょっと変わった世界旅行記。新規語りおろしも入ってついに文庫化！

ちんちん電車

獅子文六　41571-0

品川、新橋、銀座、日本橋、上野、浅草……獅子文六が東京を路面電車でめぐりながら綴る、愛しの風景、子ども時代の記憶、美味案内。ゆったりと古きよき時代がよみがえる名エッセイ、新装版。

むかしの山旅

今福龍太〔編〕　41144-6

日本アルプス黎明期の初縦走・初登攀の記録など、懐かしの、久恋の山々への思い溢れる名随筆アンソロジー。芥川、夢二、小島烏水から小杉放庵までの二十四人の二十余座。

うつくしい列島

池澤夏樹　41644-1

富士、三陸海岸、琵琶湖、瀬戸内海、小笠原、水俣、屋久島、南鳥島……北から南まで、池澤夏樹が風光明媚な列島の名所を歩きながら思索した「日本」のかたちとは。名科学エッセイ三十六篇を収録。

大人の東京散歩　「昭和」を探して

鈴木伸子　40986-3

東京のプロがこっそり教える情報がいっぱい詰まった、大人のためのお散歩ガイド。変貌著しい東京に見え隠れする昭和のにおいを探して、今日はどこへ行こう？　昭和の懐かし写真も満載。

地下鉄で「昭和」の街をゆく　大人の東京散歩

鈴木伸子　41364-8

東京のプロがこっそり教える、大人のためのお散歩ガイド第三弾。地下鉄でしか行けない都心の街を、昭和の残り香を探して歩く。都電の名残、古い路地……奥深い東京が見えてくる。

中央線をゆく、大人の町歩き

鈴木伸子　41528-4

あらゆる文化が入り交じるＪＲ中央線を各駅停車。東京駅から高尾駅まで全駅、街に隠れた歴史や鉄道名所、不思議な地形などをめぐりながら、大人ならではのぶらぶら散歩を楽しむ、町歩き案内。

山手線をゆく、大人の町歩き

鈴木伸子 41609-0

東京の中心部をぐるぐるまわる山手線を各駅停車の町歩きで全駅制覇。今も残る昭和の香り、そして最新の再開発まで、意外な魅力に気づき、町歩きの楽しさを再発見する一冊。各駅ごとに鉄道コラム掲載。

ひとりを楽しむ　ゆる気持ちいい暮らし

岸本葉子 41125-5

ホッとする、温かくなる、気持ちがいい……、これからは「ゆる気持ちいい」が幸せのキーワード。衣食住&旅、暮らしの中の“ゆる”を見つけ、楽しく生きるヒント満載の大好評エッセイ集、待望の文庫化。

果てまで走れ!　157ヵ国、自転車で地球一周15万キロの旅

小口良平 41766-0

さあ、旅に出かけよう！　157ヵ国、155,502kmという日本人歴代1位の距離を走破した著者が現地の人々と触れ合いながら、世界中を笑顔で駆け抜けた自転車旅の全てを綴った感動の冒険エッセイ。

パリジェンヌのパリ20区散歩

ドラ・トーザン 46386-5

生粋パリジェンヌである著者がパリを20区ごとに案内。それぞれの区の個性や魅力を紹介。読むだけでパリジェンヌの大好きなflânerie（フラヌリ・ぶらぶら歩き）気分が味わえる！

魚の水（ニョクマム）はおいしい

開高健 41772-1

「大食の美食趣味」を自称する著者が出会ったヴェトナム、パリ、中国、日本等。世界を歩き貪欲に食べて飲み、その舌とペンで精緻にデッサンして本質をあぶり出す、食と酒エッセイ傑作選。

天下一品　食いしん坊の記録

小島政二郎 41165-1

大作家で、大いなる健啖家であった稀代の食いしん坊による、うまいものを求めて徹底吟味する紀行・味道エッセイ集。西東の有名無名の店と料理満載。

パリっ子の食卓
佐藤真　41699-1

読んで楽しい、作って簡単、おいしい！　ポトフ、クスクス、ニース風サラダ…フランス人のいつもの料理90皿のレシピを、洒落たエッセイとイラストで紹介。どんな星付きレストランより心と食卓が豊かに！

季節のうた
佐藤雅子　41291-7

「アカシアの花のおもてなし」「ぶどうのトルテ」「わが家の年こし」……家族への愛情に溢れた料理と心づくしの家事万端で、昭和の女性たちの憧れだった著者が四季折々を描いた食のエッセイ。

食いしん坊な台所
ツレヅレハナコ　41707-3

楽しいときも悲しいときも、一人でも二人でも、いつも台所にいた——人気フード編集者が、自身の一番大切な居場所と料理道具などについて語った、食べること飲むこと作ることへの愛に溢れた初エッセイ。

感傷的な午後の珈琲
小池真理子　41715-8

恋のときめき、出逢いと別れ、書くことの神秘。流れゆく時間に身をゆだね、愛おしい人を思い、生きていく——。過ぎ去った記憶の情景が永遠の時を刻む。芳醇な香り漂う極上のエッセイ！文庫版書下し収録。

魯山人の真髄
北大路魯山人　41393-8

料理、陶芸、書道、花道、絵画……さまざまな領域に個性を発揮した怪物・魯山人。生きること自体の活力を覚醒させた魅力に溢れる、文庫未収録の各種の名エッセイ。

居酒屋道楽
太田和彦　41748-6

街を歩き、歴史と人に想いを馳せて居酒屋を巡る。隅田川をさかのぼりはしご酒、浦安で山本周五郎に浸り、幕張では椎名誠さんと一杯、横浜と法善寺横丁の夜は歌謡曲に酔いしれる——味わい深い傑作、復刊！

おなかがすく話

小林カツ代　41350-1

著者が若き日に綴った、レシピ研究、買物癖、外食とのつきあい方、移り変わる食材との対話——。食への好奇心がみずみずしくきらめく、抱腹絶倒のエッセイ四十九篇に、後日談とレシピをあらたに収録。

小林カツ代のおかず道場

小林カツ代　41484-3

著者がラジオや料理教室、講演会などで語った料理の作り方の部分を選りすぐりで文章化。「調味料はピャーとはかる」「ぬるいうちにドドドド」など、独特のカツ代節とともに送るエッセイ＆レシピ74篇。

小林カツ代のきょうも食べたいおかず

小林カツ代　41608-3

塩をパラパラッとして酒をチャラチャラッとかけて、フフフフフッて五回くらいニコニコして……。まかないめしから酒の肴まで、秘伝のカツ代流レシピとコツが満載！　読むだけで美味しい、料理の実況中継。

食いしん坊

小島政二郎　41092-0

麩嘉の笹巻き、名古屋流スキ焼き、黄肌の鳥、桐正宗……、味を訪ねて西東。あまいカラいに舌鼓。うまいものに身も心も捧げた稀代の食通作家による、味の文壇交友録。

おばんざい　春と夏

秋山十三子　大村しげ　平山千鶴　41752-3

1960年代に新聞紙上で連載され、「おばんざい」という言葉を世に知らしめた食エッセイの名著がはじめての文庫化！　京都の食文化を語る上で、必読の書の春夏編。

おばんざい　秋と冬

秋山十三子　大村しげ　平山千鶴　41753-0

1960年代に新聞紙上で連載され、「おばんざい」という言葉を世に知らしめた食エッセイの名著がはじめての文庫化！　京都の食文化を語る上で、必読の書の秋冬編。解説＝いしいしんじ